손쉽게 할 수 있는
야채 수프
건강 요리법

손쉽게 할 수 있는
야채 수프
건강 요리법

이케가미 야스코 지음   홍명조 옮김

예림
출판
YEARIMMIDEA

야채는 내리쬐는 태양 에너지와 지구에서의 자양을 듬뿍 흡수하여 많은 영양소를 자신의 몸에 비축하고 있다. 우리들에게 영양을 듬뿍 주는 우유나 쇠고기를 제공해 주는 소도 먹고 있는 것은 풀뿐이다. 공룡도 양치류를 즐겨 먹고 큰 몸을 유지하고 있었다는 것을 생각하면 역시 야채란 대단하다는 생각을 한다.

야채는 몸을 유지할 뿐만 아니라 성인병이나 암을 예방하고 건강한 생활을 하기 위해서도 없어서는 안 되는 것으로서 최근에 특히 주목받고 있다. 왜냐하면 야채에 많이 함유되어 있는 카로틴이나 각종 비타민, 미네랄, 식물섬유 등은 암의 예방을 비롯하여 고혈압, 비만, 동맥경화 등의 성인병, 여성에게 많은 변비나 골다공증의 예방에 효과가 있다는 것이 증명되었기 때문이다. 또 야채에 함유되어 있는 각종 식물 화학물질이 암을 억제하는 효과가 있다는 것도 최근 증명되었다. 야채는 그 효능에 있어 약을 초월하고 있다.

그런데 야채가 이렇게도 몸에 좋다는 것을 알아도 매일 생활 속에서 충분한 양을 섭취하기가 결코 간단하지 않다.

그래서 이케가미식 『손쉽게 할 수 있는 야채수프 건강 요리법』이 등장

했다. 이 책에서 소개하는 42가지 수프와 13가지 죽은 모두 야채수프를 바탕으로 '몸에 좋은' 재료를 듬뿍 사용한 맛있는 건강 요리다. 수프에서 염분을 과다 섭취하게 될까 마음에 걸린다면 야채를 보글보글 끓여서 만든 소스를 섞어 재료의 맛을 잘 살리면 약간의 염분으로도 맛있게 먹을 수 있을 것이다.

이 밖에도 수프에는 우수한 점이 많이 있다.

야채로 만든 수프에는 맛의 성분인 아미노산이나 글루타민(glutamine)산, 이노신산(inosinic) 등이 많이 함유되어 있어서 그 성분이 위액의 분비를 촉진해 식욕을 증진시켜 준다. 또 국물이 많은 요리나 묽게 끓인 수프의 재료는 위에 부담을 주지 않는다. 그러므로 식욕이 없을 때, 몸이 피로할 때, 위 컨디션이 좋지 않을 때 등 몸에 부드러운 수프를 먹는 것부터 시작하면 위에도, 몸에도 부담을 주지 않는다. 식사 시간이 불규칙하거나 외식이 잦아 영양이 편중되기 쉬운 때도 어떤 재료를 쓸 것인가 궁리해서 영양 밸런스가 맞는 일품 스프를 만들어 먹으면 식생활의 결점을 보완할 수 있다.

매일의 식탁에 야채수프를 바탕으로 한 재료가 많은 수프나 죽을 식탁에 올려놓고 부디 건강하고 마음 풍족한 생활을 지향하기 바란다.

—이케가미 야스코

차 례

Part 1 수프

Part 2 몸을 덥히고 뇌에 활력을 주는 죽

야채야말로 나쁜 산소 퇴치의
가장 강력한 수단

나쁜 산소, 이른바 '활성산소'는 만병의 근원이라고 한다.

활성산소란 호흡에 의해 체내에 들어온 산소의 일부가 공격성이 강한 나쁜 산소로 변화한 것으로 세포의 DNA(유전자)나 세포막에 상처를 주고 동맥경화, 심장병, 당뇨병 등 여러 가지 발병의 원인이 된다고 한다.

또 지방질도 활성산소에게 공격당하면 과산화지질(산화된 지질)이 되고 각 조직을 공격하여 성인병이나 노화를 일으키는 한 원인이 된다.

이 활성산소를 촉진하는 요인으로 환경 오염물질이나 흡연, 자외선, 지방질이나 알코올 과음, 심신 스트레스 등을 들 수 있다.

그런데 최근의 연구에 의해 야채 속에는 활성산소를 제거하고 과산화지질의 성장을 억제하는 항산화물질(산화를 방지하는 물질)이 많이 함유되어 있다는 것이 밝혀졌다. 야채를 많이 먹는 사람은 암이나 심장병으로 사망하는 경우가 적고 장수한다고 하는데 이는 야채가 나쁜 산소를 억제하는 항산화물질의 보고이기 때문이다.

항산화물질로서 비타민A나 C, E, 베타카로틴 등이 많이 알려져 있는데 야채에는 플라보노이드, 카테킨, 리그닌, 폴리페놀, 비타민K나 엽산(수용성 비타민의 일종) 등 실로 많은 종류의 항 산화물질이 풍부하게 함유되어 있다. 그러므로 야채는 인체에 유해한 작용을 하는 나쁜 산소를 퇴치하는 데 효과가 있는 가장 강력한 수단으로서 재평가되고 또 기대되고 있다.

생으로 먹으면
유효성분은 섭취하기 곤란하다

그런데 야채를 생으로 먹는 경우 우수한 항산화물질을 아주 조금밖에 이용할 수 없다.

그것은 야채의 세포 바깥쪽은 인간의 소화효소로는 소화할 수 없는 셀룰로오스(cellulose: 식물 섬유의 일종)로 보호되고 있으며 식물의 세포도 펙틴(Pectin)이나 리그닌(lignin) 등 사람의 소화효소로는 소화할 수 없는 성분(식물 섬유의 일종)으로 덮여 있기 때문이다.

생 야채를 아무리 잘게 씹어 먹어도 미세한 세포까지 씹어 으깨기는 어렵다. 생 야채는 입 안에서 씹어서 잘게 한 후에는 별로 잘게 씹어지지 않고 소화되지 않은 상태로 변과 더불어 몸 밖으로 배출되는 경우가 대부분이다.

수프로 만드는 것이
효과적이다

야채를 물과 함께 가열하면 세포를 덮고 있는 수용성 식물섬유가 녹아 나와서 세포끼리 떨어져 나가 세포막이 파괴되어 안의 성분이 밖으로 녹아 나온다.

이 수프 속에는 활성산소를 제거하는 항산화물질이 풍부히 함유되어 있다.

비타민, 미네랄 외에 펙틴, 헤미셀룰로스(hemicellulose:식물체 속의 다당류 탄수화물의 총칭) 등의 수용성 식물섬유나 글루칸(glucan. 글루시늄), 만난(mannan:다당류의 총칭) 등의 다당류도 풍부히 함유되어 이들이 장 내의 좋은 균을 증가시켜 장의 기능을 조정하고 좋은 콜레스테롤(HDL)을 증가시키고 쓸데없는 나쁜 콜레스테롤(LDL)을 배출, 체내에서 발생한 발암성의 의심이 있는 아민(Amin) 등도 흡착하여 빨리 몸밖으로 변과 함께 배출한다고 한다. 그러므로 매일 수프를 먹으면 나쁜 활성산소의 작용을 억제하고 몸의 면역력을 높일 수 있다.

야채를 가열함으로써 비타민이 손실될까 걱정하기보다 야채를 가열 조리함으로써 얻는 훌륭한 효과를 최대한으로 살리는 것이 중요하다. 그런 점에서 이 책에서 소개하는 수프는 야채의 영양소를 낭비하지 않고 전부 소화 흡수가 가장 좋은 형태로 섭취할 수 있는 방법을 연구, 고안한 것이다.

수프에는
고혈압을 방지하는
힘이 있다

수프에는 야채의 세포에서 용해되어 나온 비타민, 미네랄 등 유효 성분이 풍부하게 들어 있는데 개중에서도 칼륨의 양이 많고 이것이 체내의 불필요한 나트륨(염분)을 체외로 배설하는 큰 역할을 한다.

그러나 염분을 지나치게 제거하면 고혈압을 일으키는 원인이 되고 혈관을 약하게 하여 여러 가지 병의 근원이 될 수 있다.

담백한 맛에 유의하여 균형 있는 식사를 하도록 주의하면서 식탁에 야채가 듬뿍 든 수프를 곁들이는 건강법을 권한다.

잡곡의
알맹이 파워를
식탁으로

조, 피, 수수, 율무 등의 잡곡은 정백미에는 없는 훌륭한 영양과 생명력이 있다.

당질은 물론이고 질 좋은 단백질이나 각종 비타민 외에 철분, 칼슘 등을 풍부하게 가지고 있고, 풍부한 식물섬유가 변비를 해소시켜 준다. 그리고 콜레스테롤을 줄이고 몸에 유해한 물질이나 노폐물 등을 속히 몸 밖으로 배설해 준다.

또 당의 흡수를 저해하는 기능도 있기 때문에 당뇨병이나 다이어트에도 효과적이다.

황무지에 뿌리를 내려 비바람에 드러나 내리쬐는 햇볕에도 견뎌 지구에서 영양분을 흡수하여 태양 에너지를 충분히 흡수하여 자란 잡곡은 체내에서 나쁜 산소 즉, 활성산소의 작용을 억제하고 몸의 자연 면역력을 높이는 기능을 가지고 있다.

잡곡은 동맥경화나 비만에 제동을 걸고 생활 습관으로 인한 여러 가지 병에 쐐기를 박는 특효약이다.

이를 야채와 어울리게 하여 식탁에 등장시켜 조그만 알갱이 속에 숨겨진 훌륭한 파워를 체내에 받아들여 건강을 위해 크게 도움을 주는 게 좋다.

쌀의 성분,
이노시톨(inositol : 비타민B 복합체의 하나)은
암 발생을 억제한다

갓 지은 밥의 향과 맛.

매력적인 밥에 실은 암 발생을 억제하는 훌륭한 힘이 숨겨져 있다는 것을 알고 있는 사람이 얼마나 있을까. 그것은 '이노시톨' 이라는 성분으로 주로 쌀겨에 해당되는 부분에 많이 들어 있다.

이노시톨은 세포의 기능이나 기능을 순조롭게 하는 힘이 있으며 동물 실험에서도 이노시톨을 매일 주면 발암 물질이 체내에 들어와도 암 발생을 억제할 수 있다고 한다.

죽을 쑬 때도 백미보다 쌀이 발아할 때 필요한 영양분이 함유되어 있는 7분도 쌀이나 배아 쌀을 이용할 것을 권한다.

이들 쌀을 하룻밤 물에 담근 후에 밥을 하면 쌀 속에 자연히 혈압을 떨어지게 하는 물질인 'GABA' 라는 감마(γ) 아미노 낙산이 생겨 이것을 고혈압인 쥐에게 계속 먹이면 놀랄 정도로 혈압이 내린다는 것이 증명되었기 때문이다.

야채 보존법

신선도와 맛과 영양을 놓치지 않기 위해서

야채를 맛있게 먹는 요령은 무엇보다 신선한 것을 구입하여 그날 중에 먹는 것이다. 그렇게 안 되는 경우에는 올바르게 보존하여 맛을 음미하자.

우선 소생시킨다. 야채는 밭에서 거두어 1~3일은 지난 후에야 우리 손에 들어온다. 그러므로 사오면 곧 물에 듬뿍 담가서 얼마동안 그대로 둔다.

야채를 씻고 물기를 없앤다(단면을 엷게 잘라 새롭게 한다) 흙이 묻어 있는 것은 바로 흙을 털어 내고(흙 속에는 세균이 있는 경우가 있다) 무나 순무와 같이 잎이 붙어 있는 것은 잎을 잘라버린다. 청경채같은 것도 뿌리 부분을 깨끗이 씻고 더러워진 흙을 없앤다. 단면을 얇게 잘라 내고 물을 빨아들이기 쉽게 한다.

물을 빨아들여서 신선함을 유지하게 한다 물통에 깨끗한 물을 듬뿍 담고 야채의 잘라 낸 단면을 아래로 세워서 물에 담가 10~15분 정도 물을 빨아들이게 한다.

물기를 뺀다　소쿠리에 넣고 물기를 없애는데 이때도 될 수 있는 한 세우도록 한다.

신선하게 보존하도록 주의한다　청경채, 파슬리, 쑥갓, 아스파라거스 같은 야채는 중력에 거슬러 바람에 쓰러져도 똑바로 서려고 하는 본능이 있다. 이와 같은 야채를 눕혀 두면 일어서려고 에너지를 사용하여 영양도 맛도 떨어져 버린다. 다음과 같은 점에 주의하여 보존하자.(특히 쑥갓, 아스파라거스 등 생명력이 강한 것은 주의가 필요하다.)

● 온도가 5~10도 되는 장소에 세워서 보존한다.

● 비닐 제품이나 랩 같은 것으로 싸면 야채는 호흡을 할 수 없다. 보존 상태를 좋게 하기 위해서는 희게 바랜 무명을 적셔서 싸는 것이 제일 좋은 방법이다. 그러면 야채가 호흡을 할 수 있고, 적당한 습기를 줄 수 있다. 희게 바랜 무명은 야채를 충분히 쌀 수 있는 크기로 잘라서 물로 잘 씻고 나서 사용한다.

● 야채에 적당한 수분을 주고 호흡을 시킬 수 있도록 전체를 폭 쌀 수 있게 감는다. 사용 후에는 깨끗이 빨아서 또 다른 야채를 싸 는데 이용한다.

● 무명이 더러워지면 삶아서 소독한다. 백색이 더러워지면 표백제를 넣으면 살균도 된다. 반복해서 몇 년 사용할 수 있다. 환경에도 좋은 자연 소재이니 이용해 보자.

●배 추●

신문지에 싸서 냉암소에 뿌리 쪽을 아래로 세워 보존한다. 실온이 높을 때나 쪼갠 야채를 샀을 때는 적신 무명이나 랩으로 싸서 야채 박스에 넣는다.

●양배추●

줄기를 뽑고 물로 적신 페이퍼 타월을 채워 넣고 적신 무명으로 싸거나 비닐 봉투에 넣고 야채 박스에 보관한다. 바깥쪽에서 한 장씩 벗겨서 사용한다.

●무, 순무●

뿌리와 잎을 잘라 나누어서 각각 랩이나 물에 적신 무명으로 싸서 야채 박스에 보관한다.

●연근●

흙이 묻어 있는 것은 신문지로 싸서 통풍이 잘 되는 곳에 보관한다. 사용하던 것은 물기를 닦아내서 자른 부분을 랩으로 싸서 물에 적신 무명으로 싸거나 비닐 봉투에 넣고 야채 박스에 보관한다. 상하기 쉬운 것이기 때문에 빨리 먹도록 하자.

●우엉●

흙이 묻은 것은 약간 물에 적신 신문지로 싸서 세워 냉암소에 보관한다. 씻은 우엉의 경우는 비닐 봉투에 넣고 야채 박스에 보관한다. 빨리 사용하도록 하자.

●당근●

물에 적신 무명이나 비닐 봉투에 넣어서 야채 박스에서 보관한다.

●오이●

표면의 물기를 닦고 물에 적신 무명으로 싸거나 비닐 봉투에 넣어서 야채 박스에서 보관한다.

●호박●

통째로 된 것이라면 통풍이 잘 되는 냉암소에 놓아둔다. 가끔 햇볕에 쬐면 단맛이 더 난다. 자른 것은 속을 스푼으로 파내서 다른 부분을 페이퍼 타월로 닦아 물기를 없애고 비닐 봉투에 넣어 야채 박스에서 보관한다.

●토마토●

파란 부분이 남아 있는 딱딱한 토마토는 실온에서, 익은 토마토는 꼭지를 아래로 하여 종이 봉투에 넣어 야채 박스에서 보관한다.

●브로콜리●

물에 적신 무명에 싸거나 비닐 봉투에 넣어서 야채 박스에서 보관한다. 장기 보관의 경우에는 데치고 나서 냉동실에서 보관하면 좋다.

●콩류(풋콩, 완두콩)●

2~3일이라면 콩깍지째로 물에 적신 무명에 싸거나 비닐 봉투에 넣고 야채 박스에 보관한다. 그 이상 보관하고 싶을 때는 삶아서 냉동시킨다(풋콩은 콩깍지 그대로 완두콩은 콩을 까서).

●토란●

흙이 묻어 있으면 물에 적신 신문지로 가볍게 싸서 냉암소에 둔다.

●감자●

감자는 수확 후 '자가 휴면' 하는 특성이 있기 때문에 3개월 정도는 발아하지 않는다. 종이 봉투나 골판지 상자에 넣고 통풍이 잘 되는 냉암소에 둔다. 사과를 한 개 넣어두면 에틸렌이라는 물질이 감자의 발아를 억제해 준다.

●양파●

바구니 같은 것에 넣어서 통풍이 잘 되는 냉암소에 보관한다.

●버섯 류●

비닐 봉투에 넣어 야채 박스에 둔다. 곧 사용하지 않을 때는 냉동 보관하면 씹는 맛이 좋고 맛이 있어진다.

●마늘●

망이나 바구니, 전용 질그릇 등에 넣고 통풍이 잘 되는 장소에 둔다. 새것은 야채 박스에 넣어 보관한다.

●생강●

물에 적신 무명에 싸거나 비닐 봉투에 넣어 야채박스에 보관한다.

●참마●

통째로 라면 신문지에 싸서 냉암소에 둔다. 자른 것은 자른 면을 랩으로 싸서 야채 박스에 넣어 될 수 있는 한 빨리 사용하자.

●청경채●

물에 적신 무명(혹은 약간 물에 적신 키친 페이퍼)에 싸서 비닐 봉투에 넣어 뿌리를 아래로 하여 세워서 야채박스에 보관한다. 장기 보관인 경우는 삶은 후 물기를 없애고 냉동 보관한다.

이케가미식 건강 야채수프

이 책에서 소개하는 모든

수프와 죽은

'이케가미식 『손쉽게 할 수 있는 야채수프 건강 요리법』'

을 기본으로 만들고 있다.

수프를 만드는 법은 매우 간단하다.

남은 야채를 보글보글

끓이는 것만으로 좋다.

야채의 맛 좋은 느낌이나 비타민

미네랄 등의 영양소가

물에 녹아 나온 소스는

건강 식품으로 어떤 소재에라도

맛있게 활용할 수 있다.

★ 소스를 바로 사용하지 않을 때는 잘 씻은 우유팩이나 주
  스병에 넣어 고무테이프를 붙여 냉동해 두면 필요한 때에
  바로 사용할 수 있어 편리하다.

★ 다시마나 표고버섯, 여러 가지 종류의 야채를 사용하면
  맛도 영양도 균형이 맞는 맛있는 소스를 만들 수 있다. 여
  기에 다른 야채 이외에도 쓰다 남은 야채나 자투리 야채
  로 소스를 만들어 더 첨가하면 좋을 것이다.

★ 요리할 때 나온 야채의 겉잎, 꺾어진 것, 껍질이나 심 등
  을 버리지 말고 잘 씻어서 비닐 봉투에 넣고 냉장고에 보
  관해 두면 3일 정도면 많이 모이게 된다. 그것을 사용하
  여 수프를 만들면 경제적이다.

★ 양배추나 파, 시금치와 같은 야채는 너무 많이 첨가하지
  않도록 한다.

★ 샐러리나 파슬리 등 향기로운 맛이 나는 야채를 냉동실에
  넣어두면 향이 더
  좋게 된다.

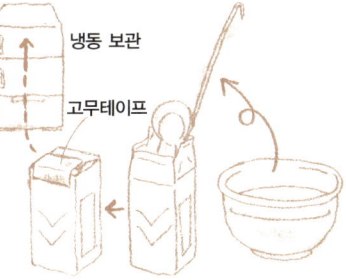

냉동 보관

고무테이프

남은 수프는 종이 팩에 보관한다

1　충분한 물에 다시마와 마른 표고
버섯을 넣고 잠시 그대로 둔다.

2　불에 올려놓고 끓어오르기 직전
에 다시마를 꺼낸다.

3　끓어오른 물에 야채를 조금씩 넣
는다.

4　15분 정도 끓이고 소쿠리에 넣
어 걸러서 밭여낸다.

1 냄비에 물을 충분히 넣고 다시마와 마른 표고버섯을
　 넣은 다음 잠시 그대로 둔다.

2 불에 올려놓고 끓어오르기 직전에 다시마를 꺼낸다.

3 끓어오른 물에 반드시 야채를 조금씩 넣고 끓어오른
　 상태를 유지하면서 푹 끓인다〔한 번에 많이 넣으면 물
　 의 온도가 떨어져 다시 끓어오를 때까지 시간이 걸리
　 기 때문에 야채의 떫은맛(또는 쓴맛, 아린맛)이나 불쾌
　 한 냄새가 나오기 쉬워져서 수프를 맛있게 마무리할
　 수 없기 때문에〕.

4 약 15분 정도 보글보글 푹 끓인다.

5 소쿠리에 걸러 밭여 낸다.

 이케가미식 건강 야채수프 재료

순무+순무 잎+샐러리+샐러리 잎+양파+당근 껍
질+당근의 자투리+레터스(양상추)+유채+배추+
무 잎+양배추+다시마+마른 표고버섯=적당히

야채 상식

*혈액의 콜레스테롤을 낮춰주고 고혈압 환자에게(특히 심장병 환자) 좋은 식품 버섯류

종류만큼이나 많은 나라에서 애용되고 있는 것이 바로 버섯이다. 버섯은 고영양 저칼로리 식품으로 건조해 두면 오랫동안 먹을 수 있을 뿐 아니라 생버섯과는 또 다른 맛을 낸다. 우리나라 사람들이 즐기는 것은 송이버섯과 표고버섯이다. 서양사람은 양송이버섯을 좋아한다. 비타민B₂와 D가 함유되어 혈액 콜레스테롤을 낮추는 작용이 있어 심장병 환자나 고혈압 환자에게 좋다. 특히 항암물질이 포함되어 있어 각광을 받는게 버섯이다. 버섯은 칼로리가 없는 식품이므로 해조류처럼 많이 먹어도 살이찌지 않는다. 조리를 할때는 특히 향기를 잃지 않도록 주의하고, 오랫동안 물에 담거나 껍질을 벗기면 향기가 없어진다.

*조리법이 간단하고 영양이 풍부한 샐러리, 브로콜리, 피망, 파슬리

샐러리는 비타민B₁과 B₂가 유난히 많은 채소로 미나리과에 속하며 조혈작용과 철분이 많아 피로를 몰아내고 스태미너를 증진시켜 준다. 간에 도움을 주는 메티오닌이 들어있다. 브로콜리는 B₁과 B₂가 풍부하며 비타민C의 함유량이 많아철분과 칼슘이 많으며, 맛도 고소하다. 피망은 비타민A와 C가 풍부해 매운 맛이 거의 없어 그냥 먹거나 튀겨 먹어도 좋다. 파슬리는 향기가 독특하고 영양분이 많아서 수프, 소스 샐러드 등에 애용된다. 파슬리에는 비타민A의 모체인 카로틴의 함양이 많은 알카리성으로 철분 함유량이 많아 빈혈과 적혈구 조성에 크게 도움이 되는 채소다. 먹을 때는 소금을 뿌리거나 레몬즙을 뿌리면 맛이 좋아진다. 특히 기름과 함께 먹으면 더욱 잘 흡수된다.

영양 밸런스가 좋은 재료가 듬뿍

수프

갓 나온 수프를 먹자

브로콜리 수프

1인분 233 kcal

브로콜리는 비타민A, C, B군이 풍부하고 기미, 주근깨, 감기 예방에 든든한 역할을 한다. 철분도 많고 빈혈, 고혈압에도 효과가 있다.

★ 건강식으로 만들려면 생크림을 넣지 않아도 괜찮다.

★ 브로콜리의 줄기는 삶아서 딱딱한 부분을 제거하여 얇고 조금 좁은 듯 잘게 썰어서 기름에 볶으면 맛있는 일품 요리가 된다.

★ 브로콜리는 시간이 흐를수록 신선도가 떨어지기 쉬우며 영양 손실이 크므로 되도록 빨리 먹도록 하자.

한마디메모

1 양파를 잘게 썰어서 버터로 볶아, 부드럽고 나긋나긋해지면 밀가루를 넣고 볶는다.

2 수프를 넣고 브로콜리를 넣어 푹 끓인다.

3 고운 체로 받거나 믹서기로 간다.

4 다시 냄비에 넣고 우유를 첨가하여 3~4분 끓인다. 생크림을 첨가하고 소금, 후추를 친다.

1 **양파를 볶는다**   브로콜리는 송이를 조그맣게 나눈다. 양파는 잘게 썰어서 버터로 볶고 부드럽고 나긋나긋해지면 밀가루를 뿌리듯이 넣고 볶는다.

2 **끓인다**   수프를 조금씩 넣어 묽게 하여 중간불로 끓인다. 보글보글 끓으면 브로콜리를 넣고 약한불로 줄이고 푹 끓인다.

3 **곱게 간다**   브로콜리가 부드러워지면 체에 밭치거나 믹서기로 간다.

4 **우유를 넣고 끓인다**   다시 냄비에 넣고 우유를 첨가, 끓어오르지 않게 3~4분 끓인다.

5 **마무리**   생크림을 첨가하여 섞은 다음 소금, 후추로 맛을 조절하고 불을 끈다.

 브로콜리 수프 재료(4인분)

브로콜리…큰 것 한 그루	우유……2컵
양파……$\frac{1}{2}$개	생크림……$\frac{1}{2}$컵
버터……큰 스푼 2	소금……약간
밀가루……큰 스푼 2	후추……약간
야채수프……3컵(맨 처음에	

나온 이케가미식 건강 야채수프)

시금치와 두부 수프

1인분  kcal

시금치는 철분과 철분의 흡수를 돕는 비타민C가 풍부하기 때문에 빈혈 예방에 이상적이다. 식물성 단백질이 풍부한 두부와 합침으로써 영양 만점이 된다.

한 마 디 메 모

★ 시금치는 비타민A나 칼슘이 듬뿍 들어 있다. 우유를 첨가함으로써 소화, 흡수가 더욱 좋아진다.

★ 식중독이 염려되는 여름에는 두부를 뜨거운 물에 넣고 한 번 보글보글 끓인 것을 사용한다.

★ 여름에는 차갑게 겨울에는 따뜻하게 하면 맛있게 먹을 수 있다. 다만 오래 끓이면 단백질이 굳기 때문에 따뜻한 정도로 해야 한다.

★ 다이어트하고 싶을 때는 생크림 대신 우유를 사용한다.

1 시금치를 삶아서 썬다.

2 두부, 시금치, 수프, 소금, 후추를 믹서기에 넣고 간다.

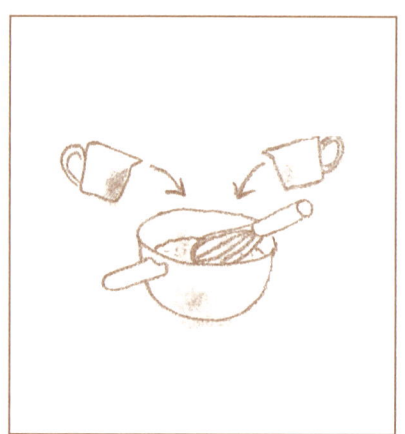

3 우유와 생크림을 넣어 묽게 한다.

4 그릇에 담고 1센티미터 너비로 자른 토마토를 넣는다.

1 **시금치를 삶는다** 시금치는 삶아서 꽉 짜서 썬다.

2 **믹서기에 넣고 간다** 믹서기에 두부, Ⓐ, 1을 넣고
갈아 놓는다.

3 **섞는다** 그릇에 우유와 생크림을 넣고 묽게 한다

4 **마무리** 냄비에 옮겨 넣고 Ⓑ를 첨가하여 묽게 하고
1센티미터로 각지게 자른 토마토를 넣는다. 냉장고에
넣고 차갑게 하면 맛있다.

시금치와 두부 수프 재료(4인분)

시금치······300그램	야채수프······ ½컵
두부················2모	Ⓑ 우유············ ½컵
Ⓐ 소금············ 약간	생크림·········· ½컵
후추··········· 약간	토마토········ ½개

완두콩 수프

1인분 151 kcal

완두콩 단백질 외에 비타민이나 칼슘도 듬뿍 들어 있다. 칼륨도 많이 들어 있기 때문에 불필요한 염분을 체외로 배출한다. 식물섬유도 많고 장의 기능을 바로 잡는 기능과 더불어 대장암 예방에도 효과가 있다.

★ 보통은 콩을 체에 밭쳐 거르지만 여기서는 식물섬유를 섭취하기 위해 껍질째로 이용한다. 입에 당기는 것을 좋아하는 사람은 믹서기로 간 후 체에 밭치면 좋을 것이다.

★ 콩은 생으로 된 것이 음식의 고상한 맛이 있어서 맛이 있는데 없는 경우는 냉동품이나 통조림을 이용해도 좋을 것이다.

★ 완두콩 외에 누에콩이나 풋콩, 강낭콩 등 여러 가지 콩을 사용하여 맛의 변화를 즐기자.

한마디메모

1 완두콩 부드럽게 끓인다.

2 믹서기로 간다.

3 냄비에 옮겨 우유를 넣고 끓인다.

4 우유와 밀가루로 걸쭉하게 하여 소금, 후추를 치고 버터를 넣는다.

1 **콩을 끓인다**   완두콩은 수프로 부드럽게 (손가락으로 눌러 으깨질 정도로) 끓인다.

2 **곱게 간다**   믹서기로 갈아 곱게 한다.

3 **끓인다**   냄비에 옮겨 담고 우유 1컵을 넣고 끓인다.

4 **걸쭉하게 한다**   우유 $\frac{1}{2}$컵에 밀가루를 조금씩 넣고 뭉쳐지지 않도록 묽게 하고 3에 첨가한다.

5 **마무리**   중간불로 푹 끓이고 소금, 후추로 맛을 조절하고 걸쭉해지면 버터를 넣고 섞는다.

 완두콩 수프 재료(4인분)

- -

완두콩(콩만)…3컵	소금……… 약간
야채수프………4컵	후추……… 약간
우유……1½컵	버터…… 작은 스푼 1
밀가루………큰 스푼 1	

토마토 수프

1인분 67 kcal

토마토는 비타민C가 많고 칼륨이 풍부해서 혈압을 내리게 하는 효능이 있다.
또 지방 등의 소화를 돕는 성분도 있기 때문에 위를 튼튼하게 한다.

★ 토마토는 될 수 있는 한 잘 익은 것을 사용한다.

★ 껍질을 깐 새우나 마른 새우, 말린 가리비를 사용해도 맛있다.

★ 토마토의 빨간 색은 리코핀(lycopene)이라는 것으로 암이나 노화를 억제하는 작용이 있다.

한마디메모

1 새우를 물에 담갔다가 꺼낸다.

2 양파를 기름에 볶아서 나긋나긋
해지면 수프를 첨가한다.

3 새우를 수프와 함께 넣고 토마토
를 넣는다.

4 끓었으면 맛을 조절하고 깬 계란
풀어 휘저으면서 넣는다.

RECIPE

1 새우를 꺼낸다 새우는 물에 10분 정도 담갔다 꺼내
둔다.

2 야채를 썬다 양파는 채치고 토마토는 꼭지를 따서
세로 반으로 쪼개서 8밀리미터 폭의 반달로 자른다.

3 양파를 볶는다 양파를 기름에 볶아서 나긋나긋해지
면 수프를 넣는다.

4 끓인다 끓었으면 새우를 수프에 넣고 토마토도 넣
는다.

5 계란을 넣고 마무리한다 끓어오르면 Ⓐ로 맛을 조절
하고, 깨서 푼 계란을 휘저으면서 넣고 끓어오르면 불을
끈다.

 토마토 수프 재료(4인분)

토마토……400그램	야채수프……4컵
새우……큰 것 3개	Ⓐ 소금…………약간
양파……$\frac{1}{2}$개	후추…………약간
계란……1개	기름… 작은 스푼 $\frac{1}{2}$

당근 수프

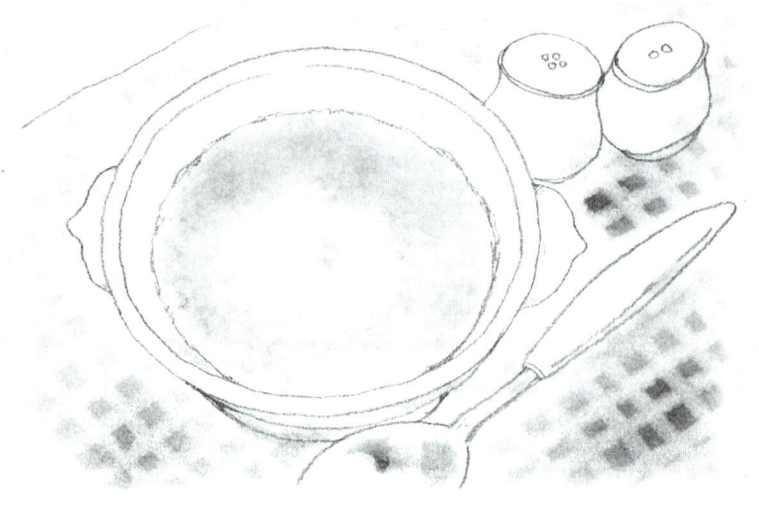

1인분 **96** kcal

당근은 카로틴의 왕. 카로틴(비타민A)에는 항암 작용이 있으며, 목구멍이나 코의 점막을 튼튼히 해 주기 때문에 감기 예방에도 효과가 있고 젊음을 유지하는 데 효과적이다.

★ 토마토 1개를 통째로 큼직큼직하게 썰어 넣어도 맛있다.

★ 밥을 넣고 끓임으로써 걸쭉함과 매끄러움을 더한다. 소스를 만드는 수고도 덜고 맛을 더할 수 있다. 그리고 건강에 좋은 수프가 마무리된다.

★ 더 좋은 건강식으로 만둘고 싶은 경우에는 마늘과 밤을 끓여서 믹서기로 갈아 우유를 첨가해도 좋다.

한마디메모

1 양파, 당근을 볶는다.

2 밥, 수프를 넣고 약한 불로 20분 끓인다.

3 믹서기로 간다.

4 우유를 넣고 소금, 후추, 레몬즙 으로 맛을 조절한다.

1 **당근을 얇게 썬다**   당근을 잘 씻어서 절반으로 잘라 얇게 썬다.

2 **양파를 볶는다**   양파는 채쳐서 나긋나긋하게 될 때까지 기름에 볶는다.

3 **당근과 함께 볶는다**   당근을 넣고 볶는다.

4 **끓인다**   밥과 수프를 넣어 약한 불에서 20분 정도 끓인다.

5 **부드럽게 한다**   믹서기로 갈아서 부드럽게 간다.

6 **마무리**   냄비에 다시 넣고 우유를 첨가하고 소금, 후추로 담백한 맛을 내고 잠깐 끓여서 불을 끈다. 기호에 따라 레몬즙을 조금 첨가하면 더욱 맛있다.

 당근 수프 재료(8인분)

당근…작은 것 4개	기름……큰 스푼 1
양파……1개	야채수프……3컵
버터……큰 스푼 1	우유……2컵
레몬즙…… $\frac{1}{2}$ 개	소금……약간
밥…… $\frac{1}{2}$ 컵	후추……약간

멀러헤이아 수프

1인분 59 kcal

멀러헤이아(mulukhiya)는 아프리카 원산의 야채로 '임금의 야채' 라는 의미다. 비타민B, 칼륨, 칼슘, 철분, 카로틴 등 모두 탁월한 영양가를 함유하고 있고 떫은맛이나 쓴맛, 풀 냄새가 나지 않아 먹기 쉬운 야채다.

★ 씹는 맛이나 감칠맛을 원할 때는 얇게 썬 쇠고기를 두드린 것을 마늘과 함께 볶아서 첨가한다.

★ 레몬즙은 빨리 첨가하면 멀러헤이아가 갈색으로 변색해 버리기 때문에 반드시 먹기 직전에 넣도록 하자.

한마디메모

1 양파, 마늘을 잘게 썰어서 볶
는다.

2 수프를 넣고 끓인다.

3 멀러헤이아를 잘게 썰어서 첨가
한다.

4 소금, 후추로 맛을 조절한다.

1 **야채를 볶는다** 양파, 마늘을 잘게 썰어서 기름에 볶는다.

2 **끓인다** 수프를 넣고 끓인다.

3 **멀러헤이아를 자른다** 멀러헤이아를 씻어서 물기를 없애고 잘게 썬다.

4 **보글보글 끓여서 마무리** 수프에 넣고 푹 끓여서 소금, 후추로 맛을 내고 그릇에 담은 후에 레몬즙을 넣는다.

 멀러헤이아 수프 재료(4인분)

멀러헤이아…200그램	소금……약간
양파……1개	후추……약간
기름……큰 스푼 1	레몬즙…큰 스푼 1~2
야채수프……4컵	

마른 새우와 유채 수프

1인분 28 kcal

마른 새우는 유채와 함께 칼슘이 풍부하고 저칼로리다. 칼슘 부족은 뼈를 약하게 할 뿐만 아니라 초조해하는 원인이 된다.

★ 기호에 맞춰 미역이나 푼 계란, 삶은 메추리알 등을 첨가 해도 맛있다.

★ 유채 대신에 청경채(중국 야채로 유채과의 배추의 일종. 잎은 국자 모양)이나 멀러헤이아 등으로 다른 맛을 즐겨 보자.

한마디메모

1 마른 새우를 살짝 씻어서 물기를 없앤다.

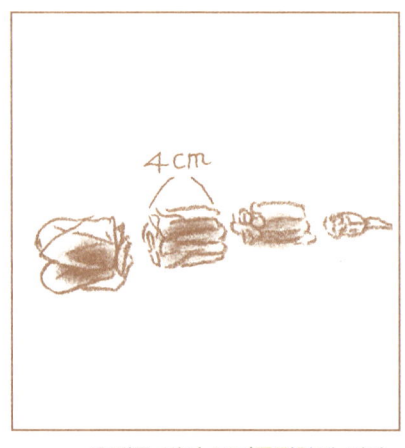

2 유채를 씻어 큼직큼직하게 썬다.

3 수프에 마른 새우를 넣고 끓인다.

4 끓었으면 유채를 넣고 다시 끓인다. 소금으로 맛을 조절한다.

1 **마른 새우를 씻는다**   마른 새우는 살짝 씻어서 물기를 뺀다.

2 **유채를 큼직큼직하게 썬다**   유채는 씻어서 4센티미터 크기로 큼직큼직하게 썬다.

3 **끓인다**   수프를 불에 올려놓고 마른 새우를 넣고 한 번 끓인 다음 유채를 넣고 끓인다.

4 **마무리**   부드러워지면 소금으로 맛을 조절한다.

 마른 새우와 유채 수프 재료(4인분)

마른 새우················	큰 스푼 4
유채·····················	½묶음 (150그램)
야채수프················	4컵
소금····················	약간

호박 수프

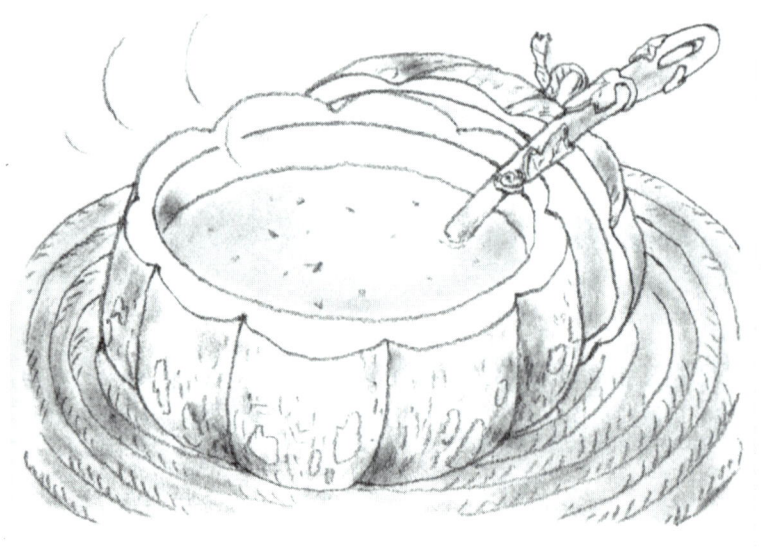

1인분 195 kcal

카로틴(비타민A), 비타민C가 풍부한 호박은 암이나 감기 예방에 효과가 있다. 동짓날에 호박을 먹는 것(우리나라에서는 팥죽을 먹는다)은 그 때문이다.

★ 호박은 껍질 부분에 카로틴이 많기 때문에 딱딱한 부분, 더러워진 부분을 제거하고 껍질째 사용하자.

★ 마지막으로 버터를 첨가하는 것은, 카로틴은 기름과 함께 취하면 잘 흡수되기 때문이고, 감칠맛을 내기 위해서다.

한마디 메모

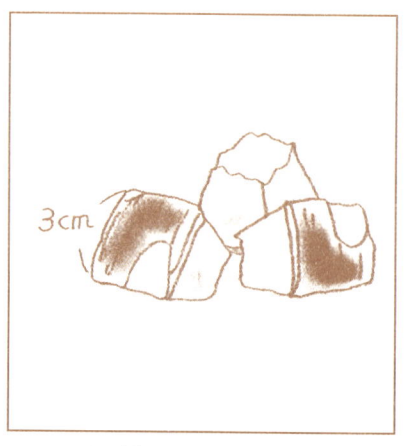

1 호박을 3센티미터 너비로 깍둑
썰기한다.

2 수프로 끓인다.

3 믹서기로 곱게 간다.

4 우유를 첨가하고 한 번 끓어오르
게 한다.

RECIPE

1 호박을 썬다 호박은 씨를 빼고 껍질의 더러운 부분만 제거하고 3센티미터 너비로 깍둑썰기한다.

2 끓인다 수프로 부드럽게 끓인다.

3 곱게 간다 믹서기로 잘 갈아 냄비에 옮겨 넣는다.

4 우유를 넣고 마무리한다 우유를 첨가하여 소금, 후추를 넣고 한 번 끓여서 버터를 첨가하여 녹은 다음 한 번 섞는다.

 호박 수프 재료(4인분)

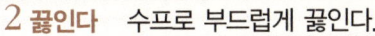

호박······500그램	소금······약간
야채수프······3컵	후추······약간
우유········3컵	버터······큰 스푼 1

브로콜리와 코코넛 밀크 수프

1인분 **33** kcal

브로콜리나 당근은 카로틴,. 비타민C와 B군이 듬뿍 들어 있다. 피부를 곱게 하고 동맥경화 방지에 도움이 된다.

★ 코코넛 밀크는 코코야자 속의 하얀 배유를 섬세하게 갈아 내서 물을 넣어 짠 것이다. 짙은 것은 아이스크림, 매끈하고 수분이 많은 것을 밀크라 한다. 요리에 은은한 단맛과 감칠맛을 내고 전통요리에는 없어서는 안 될 재료다.

★ 통조림은 지방분이 분리되어 위에 응고되어 있기 때문에 아래 위를 섞어서 사용하고 나머지는 냉동 보관하자.

1 재료를 썬다

2 냄비에 열을 가하고 코코넛 밀크를 넣는다

3 야채수프를 넣고 한 번 끓인다

4 야채를 넣고 부드러워질 때까지 끓인다

1 **야채를 풀어서 썬다**   브로콜리는 작은 송이로 나누고, 식용버섯은 흙을 털어서 푼다. 당근은 직사각형으로 썰고, 순무는 껍질을 벗겨 반달 모양으로 썬다.

2 **코코넛과 수프를 끓인다**   가열한 냄비에 코코넛 밀크를 한꺼번에 넣어 향과 풍미를 내고 수프를 넣고 한 번 끓인다.

3 **야채를 끓인다**   1의 야채를 넣고 소금, 후추로 맛을 조절하고 부드러워질 때까지 중간불로 끓인다. 너무 오래 끓이면 코코넛 밀크의 향이 날라가 버리니 주의한다.

 브로콜리와 코코넛 밀크 수프 재료(4인분)

브로콜리…큰 것 ½그루	야채수프……2컵
식용버섯……1묶음	코코넛 밀크…400cc
당근……40그램	소금……약간
순무……1개	후추……약간

토란과 유채 수프(쇠고기가 들어간)

1인분 **80** kcal

토란은 염증을 가라앉히고 독특한 끈기가 체내에서 위나 장의 궤양을 예방하거나 노화를 방지하는 호르몬의 분비를 촉진한다고 전해오고 있다. 피부나 점막을 튼튼하게 해 주는 카로틴이나 칼슘이 듬뿍 들어 있는 유채를 섞으면 효과는 한층 커진다.

★ 토란은 껍질을 벗기고 소금을 뿌려서 주무르면 매끈거리는 점액이 없어져 맛있게 먹을 수 있다. 그러나 이 매끈거리는 점액도 중요한 영양. 잘 살려서 사용하자.

한마디 메모

1 쇠고기를 썰어서 간을 맞춘다.

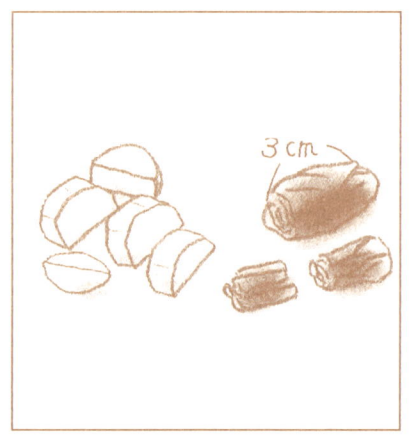

2 야채를 썬다.

3 수프에다 쇠고기, 토란을 넣고 끓인다.

4 유채를 넣고 조미하여 마지막으로 참기름을 넣는다.

RECIPE

1 쇠고기를 썬다 얇게 썬 고기는 한 입에 들어갈 크기로 썰어서 Ⓐ를 고루 묻혀둔다.

2 야채를 썬다 토란은 껍질을 벗기고 반달 모양으로 썰고, 유채는 3센티미터 크기로 큼직큼직하게 썬다.

3 끓인다 보글보글 끓는 수프에 1을 넣고 끓으면 다시 토란을 넣고 끓인다.

4 맛을 조절하고 끓인다 토란이 부드러워지면 Ⓑ로 맛을 조절하고 유채를 첨가하여 내려놓기 직전에 참기름을 넣는다.

 쇠고기가 들어간 토란과 유채 수프 재료(4인분)

얇게 저민 쇠고기…100그램	간장……작은 스푼 1
토란……4개	마늘……½쪽
유채……100그램	Ⓑ 소금…작은 스푼 ½
야채수프……5컵	후추……약간
참기름…작은 스푼 ½	간장…작은 스푼 1
Ⓐ 술……작은 스푼 1	

켄친* 수프

1인분 **106** kcal

두부는 필수 아미노산을 균형 있게 함유한 양질의 단백질 식품이다. 무나 당근, 우엉 등 야채와 서로 섞으면 한층 흡수가 잘 된다.

또 쓸데없는 콜레스테롤이나 중성지방 등을 배출하게 해서 혈관을 튼튼히 하고 성인병의 예방에 도움을 준다.

파가 비타민B1의 흡수를 돕고 근채류가·몸을 따뜻하게 해주기 때문에 어깨 결림이나 피로를 방지하는 작용을 한다.

*켄친-우엉, 당근, 표고버섯, 무 등을 채쳐 으깬 두부와 함께 기름에 볶아 조려한 음식

★ 파는 마지막에 넣고 살짝 끓여서 그릇에 담는다. 오래 끓이면 향이 없어진다.

★ 마무리에 참기름을 약간 떨어뜨리면 향이 좋아진다.

한마디메모

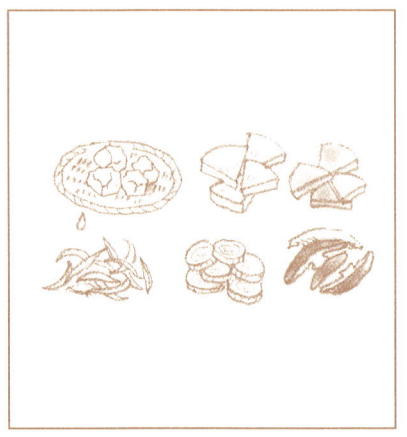

1 재료를 썬다.

2 표고버섯과 파 이외의 재료를 참기름으로 볶는다.

3 야채수프와 표고버섯, 파를 첨가하여 끓인다.

4 간장, 술, 소금으로 맛을 조절한다.

RECIPE

1 **두부를 부순다** 두부는 소쿠리에 넣고 거칠게 부수어 물기를 뺀다.

2 **야채를 썬다** 무, 당근은 은행잎꼴로 썰고 우엉은 껍질을 굵어 벗겨서 얇게 엇슷어슷 썬다.

3 **표고버섯을 썬다** 표고버섯은 밑뿌리를 자르고 가늘게 썬다.

4 **볶는다, 끓인다** 냄비에 참기름을 넣고 가열하여 1과 2를 볶아 기름이 고루 배었으면 수프를 넣고 표고버섯을 넣고 끓인다.

5 **마무리** 부드러워지면 얇고 둥글게 썬 파를 넣고 Ⓐ로 맛을 조절하고 그릇에 담아 일곱 가지 양념(고추, 깨, 진피, 앵속, 유채, 삼씨, 산초를 빻아서 섞은 향신료)

 켄친 수프 재료(4인분)

두부……1모	야채수프……5컵
무……200그램	참기름…… 작은 스푼 1
당근……40그램	Ⓐ 간장…… 큰 스푼 1
우엉(가는 것)…1뿌리	술……큰 스푼 1
표고버섯……4개	소금……작은 스푼 $\frac{2}{3}$
파……$\frac{1}{2}$뿌리	일곱 가지 양념… 약간

둥글게 빚은 두부와
푸른 채소 수프

1인분 174 kcal

●요리의 효능●

콩에 함유되어 있는 단백질은 혈중 콜레스테롤을 저하시키는 작용을 한다.
또 녹황색 야채에 많은 비타민A는 피부를 매끄럽게 하고 단백질은 새로운 피부를 만드는 작용을 돕는다.

★ 깨는 잘 흡수되도록 거칠게 갈아서 사용한다.

★ 마무리에 참기름을 첨가하면 맛과 향에 감칠맛이 난다.

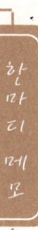
한마디메모

1 두부를 고운 체로 밭는다.

2 기계로 저민 닭고기에 Ⓐ와 두부
를 잘 섞어서 둥글게 빚는다.

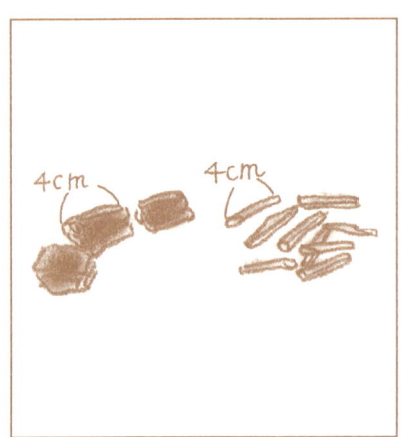

3 야채를 썬다.

4 끓인 수프에 야채와 둥글게 빚은
두부를 넣는다.

RECIPE

1 두부를 고운 체에 밭는다 두부는 물기를 빼고 고운 체로 밭치거나 으깬다.

2 둥글게 빚는다 저민 닭고기에 Ⓐ와 1을 넣고 반죽하듯이 잘 섞어서 한 입에 들어갈 정도의 크기로 둥글게 빚는다.

3 야채를 썬다 유채를 살짝 데쳐서 물기를 빼고 4센티미터 길이로 썬다. 당근도 4센티미터 길이로 채친다.

4 끓인다 수프를 보글보글 끓여서 당근과 둥글게 빚은 두부를 넣고 고루 익으면 유채를 넣고 Ⓑ로 맛을 조절한다(잘게 썬 것)

 둥글게 빚은 두부와 푸른 채소의 수프 재료(4인분)

두부……1모(300그램)	당근……$\frac{1}{4}$개
기계로 저민 닭고기‥100그램	야채수프……5컵
Ⓐ 파(잘게 썬다)…큰 스푼 1	Ⓑ 된장……큰 스푼 1$\frac{1}{2}$
녹말가루……큰 스푼 1	간장……큰 스푼 1
깨 간 것……큰 스푼 2	참기름……약간
생강즙……큰 스푼 $\frac{1}{2}$	
마늘………큰 스푼 $\frac{1}{2}$	
유채……$\frac{1}{2}$묶음	

버섯과 부추 수프

1인분 **61** kcal

손쉽게 할 수 있는 야채수프 건강 요리법

부추는 비타민A와 식물섬유가 많이 함유되어 있어서 변비를 예방한다.
또 부추, 버섯류는 저칼로리이기 때문에 비만 방지에도 효과가 있다.

★ 여러 가지 버섯을 이용하여 맛과 계절감을 즐기자.

★ 끓인 후에는 재빨리 마무리한다.

★ 깨는 영양분을 잘 흡수하고 향을 내기 위해 손가락으로 부수며 첨가한다.

한마디메모

1 재료를 썬다.

2 끓인 수프에 버섯을 넣는다.

3 부추와 두부를 넣고 맛을 조절
한다.

4 물에 녹인 녹말가루로 걸쭉하게
한다.

1 **버섯을 썬다** 팽이버섯은 길이를 절반으로, 표고버섯은 채치고, 느타리버섯은 찢어 놓는다.

2 **부추, 두부를 썬다** 부추는 3센티미터 길이로 큼직큼직하게 썰고 두부는 3센티미터 너비로 깍둑썰기한다.

3 **버섯을 익힌다** 보글보글 끓는 수프 속에 넣고 끓인다.

4 **부추, 두부를 첨가한다** 익으면 2를 넣고 Ⓐ로 맛을 낸다.

5 **마무리** 끓으면 물에 푼 녹말가루를 첨가하여 약간 걸쭉하게 하고 Ⓑ를 친다.

 버섯과 부추의 수프 재료(4인분)

팽이버섯……1팩	간장……작은 스푼 1
생 표고버섯…팩	Ⓑ 참기름……큰 스푼 $\frac{1}{2}$
느타리버섯……1팩	깨………큰 스푼1
부추……$\frac{1}{2}$묶음	녹말가루…… 큰 스푼 $\frac{1}{2}$
두부……$\frac{1}{2}$모	야채수프……3컵
Ⓐ 소금…작은 스푼 $\frac{2}{3}$	

페이잔느 수프*

1인분 149 kcal

여러가지 몸에 좋은 야채로 .기분 좋게 변비를 해소하며 에
너지 보충도 된다.
특히 감자는 변비, 위궤양에도 효과가 있다.

*페이잔느 수프: 감자, 당근, 양파, 순무, 양배추, 베이컨 등 야채
  로 만드는 수프

★ 여름에는 토마토를 잘게 썰어서 첨가하면 산뜻한 맛이 난
   다. 기호에 따라 수프에 우유를 첨가해도 맛있게 먹을 수
   있다.

★ 페이잔느는 시골풍이라는 의미다. 브로콜리, 콜리플라워
   (꽃양배추) 등 냉장고에 남아 있는 야채를 이것저것 첨가
   하면 더욱 영양 만점이 된다.

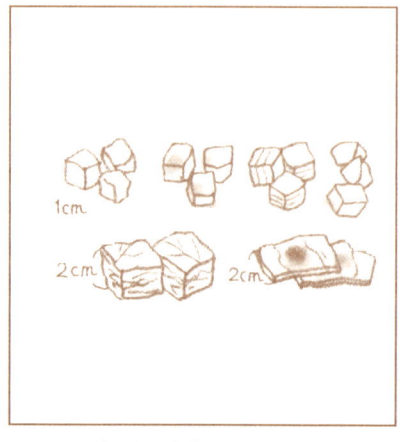

1 재료를 썬다.

2 베이컨과 야채를 볶는다.

3 수프를 넣고 끓인다.

4 소금, 후추로 맛을 낸다.

1 **야채, 베이컨을 썬다**　감자, 당근, 양파, 순무는 껍질을 벗겨서 1센티미터 너비로 깍둑썰기를 하고 베이컨도 2센티미터 너비으로 썬다.

2 **볶는다**　기름을 가열하여 베이컨을 넣고 볶아 기름이 나오면 다른 야채를 넣고 볶는다.

3 **끓인다**　수프를 넣고 강한 불로 끓인다.

4 **마무리**　끓어오르면 중간불로 낮추고 부드럽게 익혀서 소금, 후추로 맛을 조절한다.

 페이잔느 수프 재료(4인분)

감자……2개	베이컨……50그램
당근……$\frac{1}{2}$개	기름……큰 스푼 1
양파……$\frac{1}{2}$개	소금……약간
순무……2개	후추……약간
양배추……2장	야채수프……5컵

감자 수프

1인분 278 kcal

감자의 전분 엑기스는 위장병이나 변비를 고치는 데 효과를 발휘한다.

칼륨은 체내의 쓸데없는 염분을 배출해 주기 때문에 부종을 없애는 데 효과가 있다.

★ 감자는 썬 채로 두면 산화되어 검게 되기 때문에 물에 담그고 나서 요리하는데, 바로 사용하는 경우는 물에 담그지 않아도 좋다.

★ 차게 해서 먹으면 비시스다즈(Vichyssoise: 감자, 양파, 부추, 닭 육수 등으로 만든 프랑스식 크림 수프)가 된다. 여름에는 잘게 썬 토마토를 위에 깔고 겨울에는 따뜻하게 해서 먹으면 계절감을 맛볼 수 있다.

한마디메모

1 감자와 양파를 버터로 볶는다.

2 수프로 끓인다.

3 믹서기로 간다.

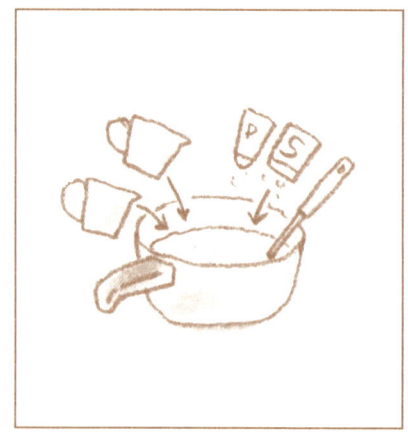

4 냄비에 옮겨 조미하고 우유와 생
크림을 첨가한다.

RECIPE

1 야채를 볶는다 감자와 양파는 얇게 썰어서 버터로 볶는다.

2 익힌다 수프를 넣고 부드럽게 익힌다.

3 곱게 간다 체로 밭이거나 믹서기로 갈아서 부드럽게 한다.

4 마무리 냄비에 옮겨 소금, 후추로 맛을 내고 우유와 생크림을 넣어 차갑게 한 후 파슬리를 잘게 썰어 뿌린다.

 감자 수프 재료(4인분)

감자……2개	생크림……½컵
양파……1개	파슬리……약간
버터……큰 스푼 2	소금……약간
야채수프……2컵	후추……약간
우유……3컵	

샐러리 수프

1인분 **77** kcal

샐러리의 향은 정신을 안정시키고 식욕을 증진시킨다.
또 샐러리에는 식물섬유도 많이 함유되어 있다.

★ 샐러리는 정성스럽게 섬모를 떼어 내고 부드럽게 끓이는
   것이 좋다.

★ 요구르트의 은은한 신맛이 샐러리의 냄새를 부드럽게 하
   고 순한 맛을 내 준다.

★ 샐러리의 잎이나·가는 줄기를 열탕에 살짝 데쳐서 물기를
   빼고 가볍게 짜서 깨소금으로 무치면 맛있는 일품 요리가
   된다. 또 기름으로 볶아서 간장, 맛술로 맛을 내서 조림을
   해도 맛있게 먹을 수 있다.

1 샐러리는 얇게 썬다.

2 중간불로 부드러워질 때까지 끓인다.

3 뜨거운 것이 약간 식으면 믹서기로 간다.

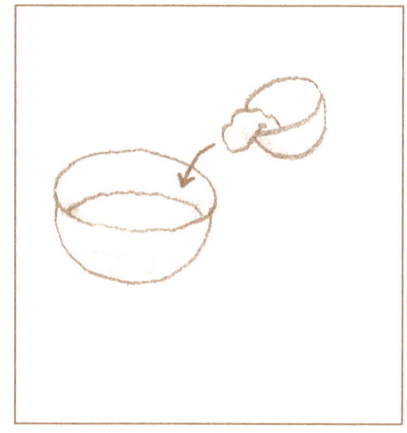

4 그릇에 옮기고 식으면 요구르트를 넣는다.

1 **샐러리를 썬다**   샐러리는 섬모를 떼어 내고 얇게 썬다.

2 **익힌다**   Ⓐ를 끓여서 1을 넣고 중간불로 부드러워질
때까지 끓인다.

3 **부드럽게 간다**   뜨거운 것이 약간 식으면 믹서기로
간다.

4 **요구르트를 넣는다**   그릇에 옮기고 식으면 요구르트
를 첨가한다.

5 **마무리**   1센티미터 너비로 각지게 썬 토마토와 은행
잎 모양으로 썬 오이를 곁들인다.

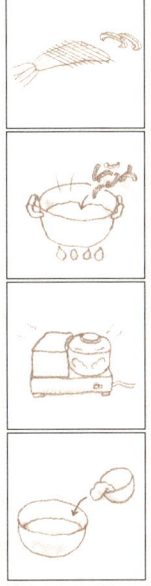

 샐러리 수프 재료(4인분)

샐러리……5개	후추……약간
Ⓐ 야채수프……3컵	생 요구르트……2컵
월계수 잎……1매	토마토……$\frac{1}{2}$개
소금……약간	오이……$\frac{1}{2}$개

파 수프

1인분 **43** kcal

파의 독특한 냄새는 유화 알릴(allyl)이라고 하여 비타민B1의 흡수율을 높이고 혈액순환을 원활하게 한다.
신경을 쉬게 하는 효과도 있기 때문에 불면증에도 효과가 있다.

*큰산파: 파의 일종으로 샐러드, 수프, 오믈렛 등에 사용

(쪽파로 대체 사용·가능)

★ 파는 자극적인 냄새가 사라질 때까지 끓이면 단맛이 나와 걸쭉하고 맛있게 마무리된다.

★ 겨울이 되어 추위가 심해지면 파의 단맛이 강해진다. 듬뿍 사용하여 맛을 즐기도록 하자.

한 마 디 메 모

1 재료를 썬다.

2 감자, 파를 부드럽게 익힌다.

3 믹서기로 간다.

4 냄비에 옮겨 넣고 맛을 조절한다.

1 파를 썬다 파는 얇고 둥글게 썬다.

2 감자를 썬다 감자는 껍질을 벗겨서 얇은 은행잎 모양으로 썬다.

3 익힌다 수프에 감자와 파를 넣고 걸쭉해질 때까지 연하게 익힌다.

4 부드럽게 간다 파의 자극적인 냄새가 없어지고 열이 가해지면 믹서기로 갈아 부드럽게 한다.

5 마무리 냄비에 옮기고 소금, 후추로 맛을 조절하고 한 번 끓인 다음 얇고 둥글게 썬 큰 산파를 고루 얹어 놓는다.

 파 수프 재료(4인분)

흰 파·····················5뿌리
감자·····················1개
야채수프··············4컵
소금·····················약간
후추·····················약간
큰 산파*················약간

마늘 스태미나 수프

1인분 176 kcal

마늘의 비타민B1은 피로를 없애고 근육의 피로를 방지하여 신진대사를 높이는 데 도움이 된다.

또 주성분인 스코루진인(sukorujinin:마늘 냄새를 내는 성분의 하나)은 심장의 기능을 강하게 하고 남성 기능의 증강에도 효과가 있다.

★ 마늘을 잘게 썬 것은 눌지 않도록 주의해서 볶는 것이 중요하다.

★ 양파를 잘게 썬 것은 눌지 않도록 주의해서 볶음으로써 자극적인 냄새가 없어지고 단맛이 나오도록 한다.

★ 계란을 넣으면 훨씬 순한 맛이 나고 영양 밸런스도 더욱 잘 맞게 된다.

한마디메모

1 마늘과 양파를 잘게 썬다.

2 마늘, 양파, 식빵을 함께 볶는다.

3 수프를 넣고 보글보글 푹 끓인다.

4 푼 계란을 휘저으면서 넣는다.

1 **마늘을 볶는다**   마늘은 잘게 썰어서 기름에 볶는다.

2 **양파를 첨가한다**   양파를 잘게 썰어서 1과 함께 볶는다.

3 **식빵을 넣는다**   식빵의 딱딱한 테두리를 떼어 내고 조그맣게 찢어서 넣는다.

4 **익힌다**   수프를 넣고 끓어오르면 불을 약하게 하여 보글보글 푹 끓인다.

5 **마무리**   걸쭉해지면 푼 계란을 휘저으면서 넣고 소금, 후추로 맛을 조절한다.

 마늘 스태미나 수프 재료(4인분)

마늘……6쪽	계란……2개
양파……1개	소금……약간
식빵……1매	후추……약간
기름……큰 스푼 2	
야채수프…4컵	

참마 수프

1인분 **97** kcal

참마의 끈적끈적한 성분인 뮤친(mucin)은 회춘에 효과가
있다.
또 각종 소화효소가 함유되어 있기 때문에 위가 약하거나
소화불량일 때에도 효과가 있다.

★ 기호에 맞춰 수프에 생강즙을 넣어도 맛있다.

★ 참마는 스푼 하나로는 집기 어려우므로 스푼을 두 개 사
   용하여 오목한 부분으로 맞잡으면 모양도 잘 갖춰지고 기
   름에 떨어뜨리기도 쉬워진다.

한마디메모

1 참마를 강판에 간다.

2 170℃의 기름에 튀긴다.

3 수프에 표고버섯을 넣고 끓인다.

4 튀긴 참마, 큰 산파를 넣고 끓인다.

1 **참마를 강판에 간다**   참마는 껍질을 벗겨 식초를 떨어뜨린 물에 담가서 떫은맛을 없애고, 강판에 갈아 Ⓐ를 첨가하여 매끄럽게 되도록 섞는다.

2 **튀긴다**   170℃의 기름에 스푼으로 떨어뜨려서 엷은 색을 띠게 되면 꺼낸다.

3 **표고버섯을 익힌다**   수프를 보글보글 끓이고 채친 표고버섯과 표고를 끓인 물에 섞어 끓인 다음 Ⓑ로 맛을 조절한다.

4 **참마를 넣고 마무리**   2를 넣고 3센티미터 길이로 썬 큰 산파를 넣고 살짝 끓인다.

 참마 수프 재료(4인분)

참마……300그램	큰 산파……4~5뿌리
Ⓐ 소금…작은 스푼 ¼	야채수프……4컵
녹말가루…큰 스푼 1	Ⓑ 소금……약간
튀김 기름……적당량	간장……작은 스푼 1
마른 표고버섯…4개	식초……적당량

연근 떡 수프

1인분 **64** kcal

연근의 끈적끈적한 성분인 무친(mucin)은 혈관을 튼튼히 하고 콜레스테롤을 저하시키는 작용을 한다.
레몬에 필적하는 비타민C로 피부가 거무칙칙해지는 것을 방지하는 효과도 있다.

★ 연근은 겨울철에 골라 몸통이 굵고 썰면 실 모양이 되는 것을 사용하면 찰기가 있어 보다 맛있게 된다.

★ 연근 떡은 강한 불에 오래 끓이면 떡이 풀어지기 때문에 주의해야 한다.

한마디메모

1 연근을 강판에 갈아서 물기를
빼다.

2 참마를 강판에 갈아서 연근과 섞
는다.

3 수프에 당근, 순무를 넣고 끓
인다.

4 연근 떡과 유채를 넣고 끓인다.

1 **연근을 강판에 간다** 연근의 껍질을 벗겨 강판에 갈아서 소쿠리에 담아 가볍게 물기를 뺀다. 이때 나온 국물을 그릇에 담아둔다.

2 **참마를 강판에 간다** 참마를 강판에 갈아서 물기를 뺀 연근과 함께 녹말가루를 넣고 섞는다.

3 **야채를 끓인다** 수프를 불에 얹고 은행잎 모양으로 썬 당근, 순무를 넣고 끓인다.

4 **연근 떡을 넣고 끓인다** 이 안에 2를 타원형으로 둥글게 하여 넣고 큼직하게 썬 유채도 넣고 끓인다.

5 **마무리** 연근 떡이 떠오르면 1에서 남겨둔 액을 휘저으면서 넣고 걸쭉하게 만든 다음 Ⓐ로 맛을 조절한다.

 연근 떡 수프 재료(4인분)

연근……300그램   유채……100그램
참마……50그램   야채수프……4컵
녹말가루…큰 스푼 1   Ⓐ 간장… 작은 스푼 1
당근……50그램   소금… 작은 스푼 ⅔
순무……2개

된장 맛 콩 수프

1인분 120 kcal

콩에 함유되어 있는 식물성. 단백질은 밭의 고기라고 일컫을 정도로 우수한 성분이다.

혈중 콜레스테롤을 떨어뜨리고 성인병 예방에 효과가 있다. 식물섬유는 변비 해소에 도움이 된다.

★ 콩은 수입 콩이 많으나 국산 콩에 단백질이 많이 함유되어 있고 향, 단맛, 맛이 모두 뛰어나다.

★ 콩은 될 수 있으면 날 콩을 사용하면 좋지만 급할 때는 통조림으로 된 것을 사용해도 된다.

한마디메모

1 콩이 연해질 때까지 끓인다.

2 수프와 함께 미세하게 간다.

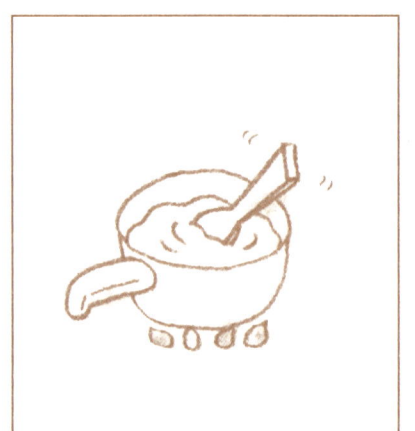

3 휘저으면서 끓인 다음 된장을 풀어서 넣는다.

4 불을 끄고 뚜껑을 닫고 뜸들인다.

1 콩을 물에 끓인다 콩은 씻어서 물에 담가서(5~6시간) 불린 후 연해질 때까지 끓인다.

2 미세하게 으깬다 믹서기에 수프 1컵과 **1**을 넣고 미세하게 간다.(절구로 으깨도 좋다.)

3 끓인다 냄비에 옮겨 남은 수프를 넣고 끓인다.

4 된장을 넣는다 끓어 넘치지 않도록 나무 주걱으로 휘저으면서 보글보글 끓인다. 중간불로 하고 5분 정도 끓여서 된장을 풀어 넣은 다음 한 번 끓이고 불을 끈다.

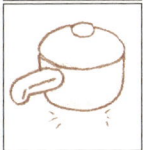

5 마무리 뚜껑을 닫고 약간 뜸들이고 둥글게 썬 큰 산파를 넣는다.

 된장 맛 콩 수프 재료(4인분)

- -

콩·················100그램
야채수프········4컵
된장·············적당량
큰 산파···········적당량

동아* 수프

1인분 **38** kcal

동아는 수분이 98퍼센트나 되고 칼륨도 많기 때문에 이뇨 효과가 탁월하며 부종을 제거하고 위장의 컨디션을 조절해 주는 기능이 있다.
또 저칼로리 식품이기 때문에 다이어트에도 효과적이다.

*동아: 박과의 일년생

★ 동아는 맛은 별로 없기 때문에 다시마, 멸치 등으로 맛을 낸 국물에 푹 끓인다.

한마디메모

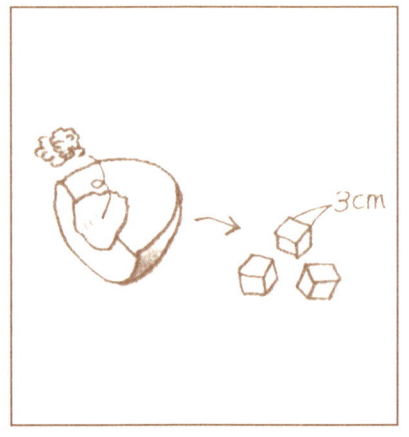

1 동아를 먹기 적당한 크기로 썬다.

2 껍질 벗긴 새우에 뜨거운 물을 살짝 끼얹는다.

3 수프에 동아와 새우를 넣고 끓인다.

4 물에 푼 녹말가루로 걸쭉하게 한 다.

1 **동아를 썬다**   동아는 씨를 빼고 껍질을 벗겨 먹기 좋
게 너비 3센티미터로 깍둑썰기한다.

2 **새우에 뜨거운 물을 끼얹는다**   껍질 벗긴 새우에 뜨
거운 물을 살짝 끼얹어 둔다.

3 **끓인다**   수프에 동아를 넣고 끓인다. 연해지면 새우를
넣고 한 번 끓이고 Ⓐ로 맛을 조절한다.

4 **마무리**   물에 푼 녹말가루를 첨가하여 걸쭉하게 하고
생강즙을 섞는다.
그릇에 담고 푸른 차조기를 곁들인다.

 동아 수프 재료(4인분)

동아······400그램	Ⓐ 술······큰 스푼 1
껍질 벗긴 새우···100그램	소금······작은 스푼 $\frac{5}{6}$
생강······1쪽	묽은 간장···작은 스푼 1
푸른 차조기······4$\frac{1}{2}$컵	녹말가루······큰 스푼 $\frac{5}{3}$

찹쌀 경단과 야채수프

1인분 **126** kcal

찹쌀가루는 소화 흡수가 좋은 에너지원으로 몸을 따뜻하게 한다.
많은 야채와 어울리면 변비를 방지하고 간장을 보호, 혈압을 낮추는 데 도움이 된다.

★ 찹쌀과 멥쌀을 반반씩 섞어 가루로 만들어 냉수에 몇 번 담갔다 말린다.

★ 찹쌀가루에 물을 너무 많이 넣으면 너무 질어서 둥글게 빚어지지 않는다. 물을 조금씩 첨가하여 상태를 보면서 반죽하자.

한마디메모

1 찹쌀가루를 반죽하여 한 입에 들어갈 정도 크기로 둥글게 만든다.

2 무와 당근을 수프에 넣고 익힌다.

3 찹쌀가루와 유채를 넣고 끓인다.

4 파를 넣고 한 번 끓인다.

1 찹쌀 경단을 만든다 그릇에 찹쌀가루를 넣고 물을 조금씩 첨가하여 귓불 정도의 굳기로 반죽하여 한 입 크기로 둥글게 빚는다.

2 야채를 끓인다 무, 당근은 은행잎 모양으로 썰어서 수프로 익힌다.

3 경단을 익혀서 맛을 낸다 끓어오르면 찹쌀 경단을 넣고 끓인다. 찹쌀 경단이 떠오르면 큼직하게 썬 유채를 넣고 Ⓐ로 맛을 조절한다.

4 마무리 둥글게 썬 파를 넣고 한 번 끓인 다음 불을 끈다.

 찹쌀 경단과 야채수프 재료(4인분)

찹쌀가루……1컵	파……$\frac{1}{2}$뿌리
물……$\frac{1}{2}$컵	야채수프……5컵
무……200그램	Ⓐ 간장……큰 스푼 $\frac{1}{2}$
당근……40그램	소금……약간
유채……100그램	술……큰 스푼 1

무와 파스타 수프

1인분 **73** kcal

무의 뿌리는 위를 튼튼히 하고 소화가 잘 되게 하여 이뇨를 돕는다고 한다.

비타민C와 리그닌(lignin)이라는 식물섬유에는 암세포를 억제하는 효능이 있다고 한다.

또 잎에는 비타민A, C, 칼슘, 철 등 우수한 성분이 많이 함유되어 있기 때문에 많이 넣도록 하자.

★ 파스타는 빨리 끓이는 것이 좋으므로 통째로 쓰지 말고 미리 꺾어서 뜨거운 물에 데쳐 두고 나서 사용하자.

한마디메모

1 무, 당근은 1센티미터 너비로 깍둑썰기하고 수프로 끓인다.

2 파스타를 첨가하여 뚜껑을 닫아 약한 불에 끓인다.

3 무 잎을 첨가한다.

4 맛을 조절하고 생강즙을 첨가한 후 불을 끈다.

1 야채를 끓인다 무, 당근은 껍질을 벗기고 1센티미터 너비로 깍둑썰기해서 야채수프와 함께 불에 얹는다.

2 파스타를 첨가하여 끓인다 끓어오르면 파스타를 첨가, 뚜껑을 닫고 불을 약하게 줄이고 연하게 끓인다.

3 맛을 조절한다 둥글게 썬 무의 잎을 넣고 끓여서 연하게 되면 소금, 후추로 맛을 조절하고 생강즙을 첨가한 후 불을 끈다.

 무와 파스타 수프 재료(4인분)

무……400그램	생강……1쪽
당근……100그램	소금……약간
무 잎……적량	후추……약간
짧은 파스타…50그램	야채수프……5컵

찹쌀 경단과 풋콩 수프

1인분 281 kcal

풋콩은 대두와 마찬가지로 영양가가 높고 양질의 단백질과 비타민B$_1$, B$_2$, 칼슘, 식물섬유를 다량 함유하고 있는 데다 대두에는 없는 비타민C도 풍부하다. 여름에 더위를 식히기 위해 맥주를 많이 마신 후에도 간장을 알코올의 해로부터 보호하는 메티오닌(methionine:필수 아미노산의 하나)이나 알코올의 분해를 돕는 비타민B$_1$, C가 함유된 풋콩을 먹으면 간장에 부담이 줄어든다. 두부의 우수한 영양분을 첨가하면 효과는 더욱 좋아진다.

★ 찹쌀가루에 물을 넣는 대신 두부를 첨가하여 영양을 높인 즙을 넣으면 더 좋다.

★ 풋콩은 신선한 것을 사용한다. 너무 오래 데치면 색이 나빠진다.

한마디메모

1 풋콩과 늙양의 수프를 믹서기로
간다.

2 냄비에 옮기고 나머지 수프를 첨
가하여 불에 얹는다.

3 찹쌀가루에 두부를 첨가, 반죽하
여 한 입에 들어갈 크기로 둥글
게 빚고 데친다.

4 수프 속에 둥글게 빚은 찹쌀을
넣고 맛을 조절하고 물에 녹인
녹말가루를 넣는다.

1 **풋콩을 믹서기로 간다**   풋콩은 데쳐서 콩알을 콩깍지에서 꺼내 엷은 껍질을 떼어내서 야채수프 $\frac{1}{2}$을 첨가하여 믹서기로 갈아 매끄럽게 한다.

2 **끓인다**   냄비에 옮겨 담고 남은 야채수프를 넣고 불에 얹는다.

3 **경단을 만든다**   찹쌀가루를 그릇에 넣고 두부를 넣은 다음 으깨면서 섞어서 귓불 정도 부드럽게 반죽하되 한 입에 들어갈 크기로 둥글게 빚고 데친다.

4 **경단을 넣고 맛을 조절한다**   끓어오른 2 속에 3을 넣고 Ⓐ로 맛을 조절, 물에 푼 녹말가루를 첨가하여 약간 걸쭉하게 한다.

 찹쌀 경단과 풋콩 수프 재료(4인분)

풋콩······300그램	Ⓐ 된장······큰 스푼1
찹쌀가루······1컵	소금······적량
두부···1모(300그램)	녹말가루···큰 스푼1
야채수프······4컵	

율무 밀크 수프

1인분 **114** kcal

율무는 옛날부터 사마귀를 없애는 묘약으로 알려져 있으며 피부를 곱게 가꾸는 데에도 효과가 있다.

영양가가 높기 때문에 병중이나 병후의 영양 보급에도 적당하다.

★ 율무는 가볍게 씻어서 1시간 이상 수프에 담가 두면 흡수하여 빨리 익는다.

★ 우유를 첨가한 후에는 너무 강한불로 끓이지 않는 것이 요령이다.

한마디메모

1 율무를 1시간 물에 담근다.

2 수프에 율무를 넣고 불에 얹는다.

3 우유를 넣는다.

4 소금으로 맛을 조절하고 약한 불에서 5~6분 끓인다.

1 물에 담근다 율무를 1시간 물에 담가 둔다.

2 끓인다 수프에 씻은 율무를 넣고 불에 얹는다. 끓어 오르면 불을 약하게 하여 부글부글 끓인다.

3 우유를 넣는다 율무가 부드러워지면 우유를 넣고 소 금을 약간 넣어 맛을 조절, 5~6분 끓어오르지 않도록 약한불에 끓인다.

 율무 밀크 수프 재료(4인분)

율무······½컵	우유······2컵
야채수프···6컵	소금······약간

수수 수프

1인분 **126** kcal

생선 단백질, 유채의 철분, 칼슘과 영양이 듬뿍 든 수프다.
수수는 비타민이나 철분, 칼슘 등이 풍부한 영양가 높은 곡
식이다.
식물섬유도 풍부하기 때문에 변비의 해소, 장의 기능을 회
복하는 데 효과가 있다.

★ 수수는 여러 번 씻음으로써 떫은맛을 제거할 수 있다.

★ 물에 담근 후에 다시 한 번 씻어서 매끄러운 소쿠리에 담
아 물기를 뺀다.

★ 수수 대신이 조나 피를 사용해도 좋다.

한마디메모

1 수수를 씻어서 1시간 물에 담가 둔다.

2 물기를 빼고 수프로 끓인다.

3 수수가 연해지면 흰 살 생선을 넣는다.

4 맛을 조절하고 유채를 고루 넣고 약간 끓인다.

1 수수를 씻어 물에 담근다 수수는 물에 듬뿍 담그고 여러 번 물을 갈아서 잘 씻어 떫은맛을 없앤다. 1시간 정도 물에 담가 둔다.

2 끓인다 매끄러운 소쿠리에 담아 물기를 빼고 수프에 넣고 끓인다.

3 생선을 넣는다 끓어오르면 불을 약하게 하여 약한 불에 끓인다. 연해지면 작게 썬 흰 살 생선을 넣고 끓인다.

4 마무리 Ⓐ로 맛을 조절하고 큼직하게 썬 유채를 고루 넣고 약간 끓인다.

 수수 수프 재료(4인분)
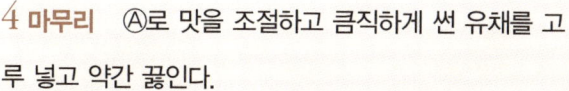

수수……½컵	Ⓐ 소금…… 약간
야채수프……6컵	간장…… 약간
흰 살 생선…2토막	

굴 수프

1인분 **181** kcal

굴은 '바다의 우유'라 할 정도로 영양이 풍부하다.
굴에 든 철분, 미네랄은 빈혈을 방지하고 글리코겐은 간장
의 기능을 활성화시키는 작용이 있다.

★ 굴은 너무 끓이면 굳어지기 때문에 우유를 넣은 후에는
  불을 약하게 하여 너무 끓지 않게 하는 것이 맛있는 마무
  리 요령이다.

★ 다이어트하고 싶은 사람은 생크림 대신에 우유를 사용하
  면 좋다.

한마디메모

1 굴을 소쿠리에 넣고 흔들며 씻는다.

2 끓기 직전에 굴을 넣고 끓인다.

3 우유에 수프를 첨가하고 불에 얹어 물에 녹인 녹말가루로 걸쭉하게 만든다.

4 그릇에 담아서 생크림을 끼얹고 가늘게 썬 파슬리를 골고루 뿌린다.

1. **굴을 씻는다** 굴은 소쿠리에 넣고 묽은 소금물로 흔들며 씻어서 물기를 뺀다.

2. **수프와 우유를 따뜻하게 한다** 냄비에 수프와 우유를 넣고 불에 얹는다.

3. **굴을 끓인다** 끓기 직전에 물에 녹인 녹말가루를 섞어서 묽고 걸죽한 국물로 만든 후 굴을 넣는다. 약간 끓이고 굴이 부풀어 둥글게 되면 소금, 후추로 간을 맞춘다.

4. **담기** 그릇에 넣고 생크림을 끼얹고 가늘게 썬 파슬리를 골고루 뿌린다.

 굴 수프 재료(4인분)

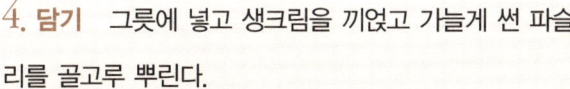

굴······400그램	녹말가루···큰 스푼 1
야채수프······1컵	소금······약간
우유······2컵	후추······약간
생크림···큰 스푼 2	파슬리······약간

새우 경단과 유부 수프

1인분 **77** kcal

새우에 함유된 타우린은 혈중 콜레스테롤을 감소시키는 작
용이 있기 때문에 성인병 예방에 효과가 있다.
새우, 두부 껍질 모두 저칼로리다.

★ 껍질을 벗긴 새우는 등에 있는 내장을 빼지 않으면 모래
   씹는 것 같은 감촉이 있기 때문에 내장 빼는 것을 잊지
   말도록.

★ 새우에 녹말가루나 계란 흰자를 넣으면 부드럽고 입에 닿
   는 느낌이 좋은 경단이 된다.

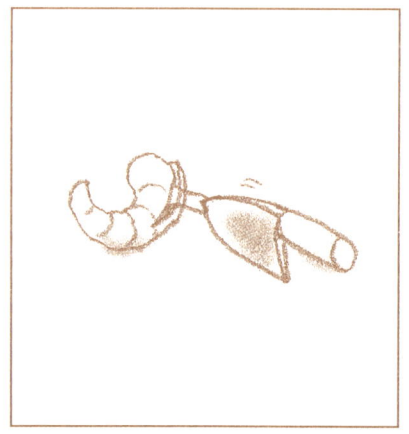

1 새우 등의 내장을 뺀다.

2 식칼로 잘게 두드려 Ⓐ를 잘 섞는다.

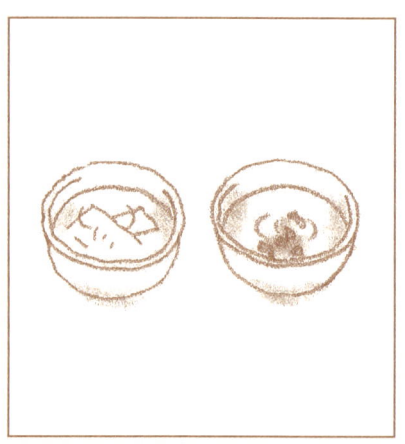

3 목이버섯과 두부 껍질을 물에서 꺼내 썬다.

4 수프가 끓어오르면 새우를 스푼으로 떠서 넣고 목이버섯, 유부를 첨가한다.

1 새우를 미리 준비한다 껍질 벗긴 새우는 등의 내장
을 빼고 식칼로 잘게 두드려 Ⓐ를 넣고 잘 섞는다.

2 목이버섯과 유부를 썬다 목이버섯과 유부를 물에서
꺼내 먹기 좋게 썬다.

3 끓인다 펄펄 끓는 수프 속에 1을 스푼으로 떠서 넣
고 떠오르면 2를 넣고 끓인다.

4 마무리 소금, 간장으로 맛을 조절하고 큼직하게 썬
미나리를 뿌려 넣는다.

 새우 경단과 유부 수프 재료(4인분)

껍질 벗긴 새우…300그램	유부……2매
Ⓐ 녹말가루…큰 스푼 1	야채수프……4컵
계란 흰자…큰 스푼 1	소금……작은 스푼 ⅔
소금……약간	간장……작은 스푼1
술……큰 스푼 1	미나리……약간
목이버섯……2그램	

생선과 과일 수프

1인분 **103** kcal

키위나 파인애플에 함유되어 있는, 단백질 분해 효소가 생
선의 소화 흡수를 돕는다.
키위에는 비타민C가 매우 풍부하다.
피부를 곱게 하고 주근깨, 기미 끼는 것을 방지한다.

★ 흰 살 생선에 녹말가루를 묻히면 오랜 시간 끓여도 형태
가 부서지지 않고 입에 닿는 느낌이 좋아진다.

★ 과일을 넣은 다음에는 오래 끓이지 않는다.

한마디메모

1 생선에 녹말가루를 고루 묻힌다.

2 마늘, 양파를 볶고 수프를 넣는
다.

3 생선을 넣고 끓인다.

4 과일, 토마토를 넣는다.

1 **생선을 미리 준비한다**　흰 살 생선은 3등분 한 것을 한 입에 들어갈 크기로 썰어서 Ⓐ를 듬뿍 치고 녹말가루를 고루 묻힌다.

2 **야채를 볶는다**　마늘은 잘게 썰고 양파는 채쳐서 기름에 볶아 수프를 넣는다.

3 **끓인다**　끓어오르면 1을 넣고 살짝 끓인다.

4 **과일을 넣고 마무리한다**　한 입 크기로 썬 키위, 파인애플, 껍질과 씨를 제거한 토마토를 넣고 소금, 후추로 맛을 조절하고 한 번 살짝 끓이고 레몬즙을 첨가한다.

 생선과 과일 수프 재료(4인분)

흰 살 생선……2토막	파인애플(생)…100그램
Ⓐ 소금……약간	토마토……$\frac{1}{2}$개
후추……약간	소금……작은 스푼 1
녹말가루……적량	후추……약간
마늘……1쪽	야채수프……4컵
양파……$\frac{1}{2}$개	레몬즙…큰 스푼 1
키위……개	기름……적당량

굴과 무즙 수프

1인분 **76** kcal

굴은 '바다의 우유'라 하여 소화 흡수가 좋은 영양 식품이다.
맛의 근원인 글리코겐은 간장 기능을 활성화하는 작용이
있다.
또 8개로 하루에 필요한 철분의 절반을 섭취할 수 있다.

★ 굴은 너무 끓이면 굳어지기 때문에 끓어오르기 시작하면
  바로 불을 끈다.

★ 무를 첨가하여 개운한 맛으로 마무리한다. 강판에 간 무
  를 그대로 넣으면 물기가 많기 때문에 가볍게 물기를 빼
  고 넣도록 하자.

한마디 메모

1 굴을 소쿠리에 넣고 좌우로 흔들어 씻고 물기를 뺀 다음 술을 뿌려 둔다.

2 끓은 수프에 굴을 넣고 살짝 익힌다.

3 굴에 열이 가해지면 무즙을 넣는다.

4 끓어오르면 바로 불을 끄고 생강즙을 뿌린다.

1 **굴을 씻는다** 굴은 소쿠리에 넣고 소금물에서 좌우로 흔들어 이물질과 껍질 등을 제거한다.

2 **술을 뿌린다** 물기를 빼고 술을 뿌려둔다.

3 **끓인다** 수프를 펄펄 끓여 Ⓐ를 넣고 굴을 넣어 살짝 끓인다.

4 **강판에 간 무(무즙)를 넣는다** 굴이 불었으면 가볍게 물기를 뺀 강판으로 간 무를 넣는다.

5 **마무리** 펄펄 끓기 시작하면 바로 불을 끄고 생강즙을 뿌린다.

 굴과 무즙 수프 재료(4인분)

생 굴······300그램	Ⓐ 소금······작은 스푼 1
술······큰 스푼2	간장······작은 스푼 1
무······200그램	생강즙······큰 스푼 $\frac{1}{2}$
야채수프······3컵	

모시조개 수프

1인분 **56** kcal

모시조개에 풍부한 철분과 비타민B2는 철 결핍성 빈혈에 효과적이다.
또 모시조개의 엑기스는 담즙의 분비를 촉진하는 작용이 있기 때문에 술 마신 후나 숙취에 권하고 싶다.

★ 모시조개의 모래를 빼내려면 물 3컵에 소금을 큰 스푼 1 정도의 희석한 소금물에 담가 그늘진 곳에 두거나 뚜껑을 살짝 덮어 둔다.

★ 모시조개는 너무 익으면 굳어지므로 주의하자.

한마디메모

1 모시조개는 잘 씻어 소쿠리에 옮겨 놓는다.

2 양파, 마늘을 버터로 볶는다.

3 모시조개와 수프를 넣고 끓인다.

4 큼직하게 썬 토마토를 넣는다.

1 **모시조개를 씻는다** 모시조개를 껍질째 잘 씻어서 소쿠리에 넣어 둔다.

2 **야채를 볶는다** 양파, 당근은 잘게 썰고 버터로 볶는다.

3 **재료를 익힌다** 모시조개와 수프를 함께 펄펄 끓인다.

4 **토마토를 넣고 마무리한다** 떫은 액체를 건져 내고 껍질과 씨를 빼고 큼직하게 썬 토마토를 넣는다. 조개가 벌어져 열이 가해졌으면 소금, 후추로 맛을 조절하고 그릇에 담아 파슬리를 다져서 뿌린다.

 모시조개 수프 재료(4인분)

모시조개(껍질째)···400그램	소금······약간
양파······½개	후추······약간
마늘······1쪽	야채수프······3컵
토마토······1개	파슬리······약간
버터······10그램	

고등어 수프

1인분 **198** kcal

고등어는 각종 영양소를 두루 함유한 우등생.
특히 이코사펜타엔(icosapentaenoic acid:불포화 지방
산)산은 혈액을 맑게 하고 어깨나 팔이 걸리는 것을 방지하
며 콜레스테롤 수치를 떨어뜨려 주는 작용이 있어 성인병
예방에 필수적이다.
또 몸의 성장을 촉진하는 비타민B2도 듬뿍 함유하고 있다.

★ 고등어의 비린내가 거슬리면 뜨거운 물을 고루 뿌려 주고
요리한다.

★ 고등어에 칼집을 내면 먹기 쉬워지고 맛도 좋아진다.

★ 고등어는 비린내 나는 생선이다. 생강 대신에 하얀 파를
사용하여 비린내를 줄일 수 있다.

한 마 디 메 모

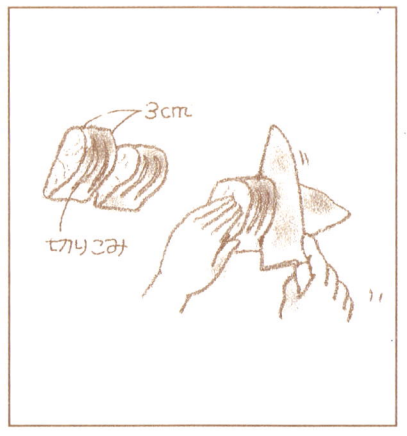

1 고등어에 칼집을 내면서 썬다.

2 끓어오른 수프에 무, 당근을 넣고 끓인다. 술, 고등어를 넣고 끓인다.

3 두부를 넣고 맛을 조절, 두반장(중국 요리의 조미료의 하나), 파를 넣고 끓인다.

4 생강을 채썬 것과 으깬 깨를 넣는다.

1 **생선을 썬다**   고등어는 3센티미터 폭으로 썰고 맛이
잘 배도록 칼집을 낸다.

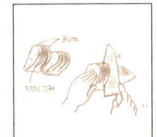

2 **야채를 썬다**   무, 당근은 직사각형으로, 파는 2센티미
터 길이로 둥글게 썰고 생강은 채친다.

3 **야채와 생선을 익힌다**   냄비에 수프와 무, 마늘을 넣
고 끓인다. 약간 열기가 들어가면 술을 넣고, 한 번 끓으
면 고등어를 넣는다.

4 **두부와 파를 넣는다**   고등어에 열기가 들어가면 두부
를 먹기 좋게 썰어 넣고 Ⓐ를 넣어 두반장, 파를 넣고 끓
인다.

5 **마무리**   마무리로 생강과 비틀어 으깬 깨를 넣는다.
※엄지손가락과 집게손가락으로 깨를 집어서 비틀어 으
깬다.

 고등어 수프 재료(4인분)

고등어……2토막	볶은 깨(흰 것)…큰 스푼 1
두부……½모	야채수프……4컵
무……200그램	두반장……작은 스푼 1
당근……50그램	술……1컵
파……½뿌리	Ⓐ 간장…… 큰 스푼 2
생강……1쪽	식초…… 큰 스푼 2

연어 수프

1인분 120 kcal

연어에 함유되어 있는 비타민이 위장을 따뜻하게 하고 술 지게미가 혈액 순환을 촉진해 주기 때문에 어깨 결림, 눈의 피로, 냉증 등에 효과적이다.

뇌세포를 활성화하는 DHA(docosahexaenoic acid : 도코사헥사엔산)도 듬뿍 함유되어 있다.

★ 한 입 크기로 썬 연어에 뜨거운 물을 듬뿍 고루 끼얹음으로써 비린내를 없앨 수 있다.

★ 연어에 짠맛을 고려해 소금 간을 조절하자.

한마디메모

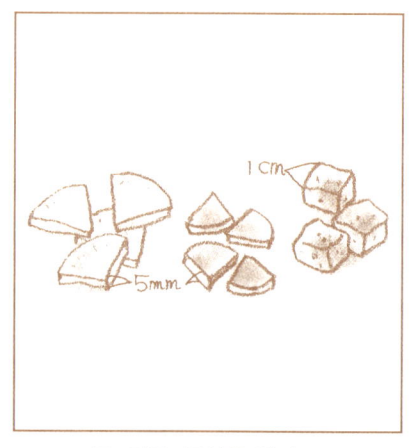

1 소금에 절인 연어를 썰어서 뜨거운 물을 고루 끼얹는다.

2 무, 당근, 곤약을 썬다.

3 소금에 절인 연어, 무, 당근, 곤약을 수프로 끓인다.

4 술지게미, 된장, 간장을 첨가, 파 썬 것을 첨가한다.

1 **연어에 뜨거운 물을 끼얹는다**　소금에 절인 연어는 한 입 크기로 썰어서 뜨거운 물을 고루 끼얹어 둔다.

2 **재료를 썬다**　무, 당근은 5밀리미터 두께의 은행잎 모양으로 썰고 곤약은 1센티미터 두께로 네모지게 썬다.

3 **끓인다**　수프에 1과 2를 넣고 연해질 때까지 끓인다.

4 **맛을 조절한다**　생선, 야채 등을 조린 국물에 술지게 미를 풀어서 넣고 맛을 보며 된장과 간장을 넣어 맛을 조절한 후에 파 썬 것을 넣는다.

 연어 수프 재료(4인분)

연어 자반……2토막	야채수프……5컵
무……200그램	술지게미…큰 스푼 5
당근……$\frac{1}{4}$개	된장……적량
곤약……$\frac{1}{2}$모	간장……작은 스푼 1
파……$\frac{1}{2}$뿌리	

고등어와 야채수프

1인분  120 kcal

고등어에 함유되어 있는 지방에는 불포화지방인 EPA가 들어 있다.

EPA는 혈관을 넓혀 혈액의 흐름을 원활하게 해 주기 때문에 어깨나 팔이 결리는 것을 풀어 주고 동맥경화를 방지한다.

타우린도 많이 함유하고 있기 때문에 피로한 눈에도 좋다.

★ 고등어의 비린내는 껍질과 살 사이에서 나온다. 소금을 치고 가볍게 짜면 수분과 함께 비린내가 밖으로 나온다. 또 뜨거운 물을 고루 끼얹음으로써 영양분이 손상되지 않고 비린내를 없앨 수 있다.

한마디메모

1 고등어를 썰어서 소금을 뿌려 둔
후 뜨거운 물을 고루 끼얹는다.

2 야채를 썬다.

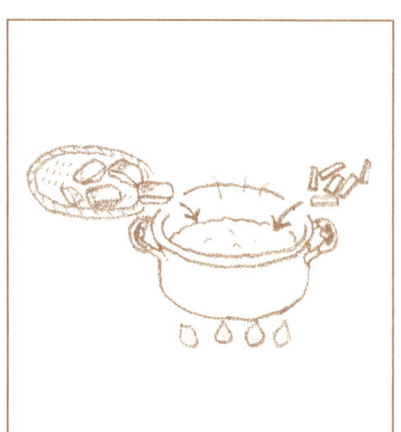

3 수프를 끓여서 고등어와 무를 넣
고 익힌다.

4 맛을 조절하고 파를 넣는다.

1 **고등어에 뜨거운 물을 끼얹는다** 고등어는 3센티미터 폭으로 먹기 좋게 썰고 가볍게 소금(분량 외)을 뿌려 둔 후 뜨거운 물을 끼얹어 비린내를 없앤다.

2 **야채를 썬다** 무는 큼직하게 썰고 파는 둥글게 썬다.

3 **끓인다** 수프를 펄펄 끓이고 고등어와 무를 넣고 익힌다. 도중에 풍기는 불쾌한 냄새를 제거한다.

4 **마무리** Ⓐ로 맛을 조절하고 파를 넣고 불을 끈다. 그릇에 담아 일곱 가지 양념(향신료)을 친다.

 고등어와 야채수프 재료(4인분)

고등어……150그램	Ⓐ 간장…작은 스푼 2
무……200그램	소금……약간
파……½뿌리	술……큰 스푼 1
야채수프……5컵	일곱 가지 양념…약간

흰살 생선과 야채 수프

1인분 84 kcal

흰 살 생선에 함유되어 있는 단백질은 비타민, 미네랄 류와 함께 섭취하면 체내에 쉽게 흡수된다.
또 야채와 레몬의 비타민C 식물섬유가 피부를 아름답게 하고 변비 해소에 도움을 준다.

★ 흰 살 생선의 신선도가 약간 떨어지는 경우에는 생선에 뜨거운 물을 돌려 가며 끼얹고 나서 요리한다.

★ 레몬즙은 랩 없이 레인지에서 30초 가열하고 나서 짜면 과즙을 많이 얻을 수 있어서 효과적이다.

한마디메모

1 흰 살 생선은 한 입 크기로 썬다.

2 야채는 먹기 좋게 썬다.

3 끓은 수프에 생선과 야채를 넣는다.

4 레몬즙, 소금, 후추로 맛을 조절한다.

1 **생선을 썬다** 흰 살 생선은 한 입 크기로 썬다.

2 **야채를 썬다** 순무는 줄기를 약간 남기고 절반으로 썬다. 샐러리는 4센티미터 길이로 썬다. 콜리플라워, 브로콜리는 송이를 작게 나누어 살짝 데친다. 당근은 4센티미터 길이로 썰어서 4개로 나눈다.

3 **끓인다** 수프를 끓여서 1, 2와 로리에(월계수 잎을 건조한 향신료)를 넣고 중간불로 끓인다.

4 **마무리** 레몬즙, 소금, 후추로 맛을 조절하고 2~3분 끓인다.

 흰 살 생선과 야채수프 재료(4인분)

살이 흰 생선···2토막	레몬즙······$\frac{1}{2}$개
순무······2개	야채수프······5컵
샐러리······1뿌리	소금······약간
콜리플라워···작은 것 $\frac{1}{2}$그루	후추······약간
브로콜리······$\frac{1}{2}$그루	로리에······1매
당근······$\frac{1}{2}$개	

미역 스태미나 수프

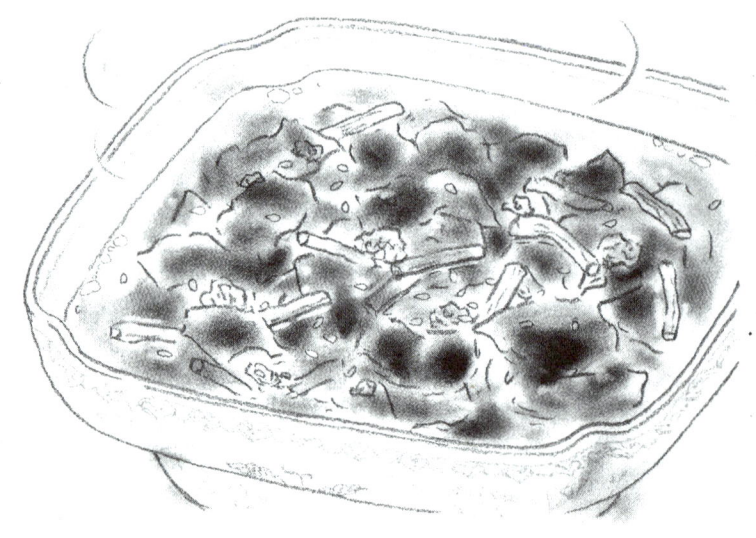

1인분 82 kcal

미역의 알긴산은 고혈압을 예방한다. 풍부하게 함유되어 있는 식물섬유는 소화되지 않고 변의 양을 늘리기 때문에 변비 예방에도 효과적이다.

★ 깨는 절반 정도 으깨고 껍질을 깐 것이 소화 흡수가 좋다.

★ 수프가 끓었으면 떠오르는 떫은 액체를 떠내자.

한마디메모

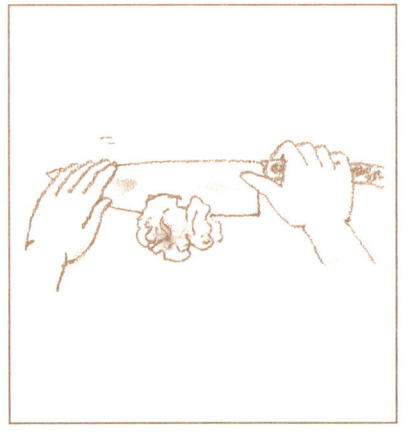

1　쇠고기를 잘게 저민다.

2　흰깨를 볶아서 절반 정도 으깬다.

3　참기름을 가열하여 쇠고기, 파, 마늘을 볶는다.

4　수프를 넣고 끓어오르게 하여 미역과 큰 산파를 넣고 맛을 조절, 깨를 넣는다.

1 **쇠고기를 잘게 저민다**   쇠고기는 식칼로 잘게 저민다.

2 **야채를 잘게 썬다**   파, 마늘은 잘게 썬다.

3 **흰깨를 볶는다**   흰깨는 볶아서 절반 정도 으깬다.

4 **생 미역을 물에서 건져 낸다**   생 미역을 건져 내서
한 입 크기로 썬다.

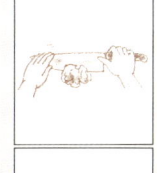

5 **볶는다, 끓인다**   냄비에 참기름을 넣고 열을 가하여
1, 2를 넣고 볶아서 향이 나면 수프 4컵을 넣고 끓인다
(가끔 떠오르는 떫은 액체를 떠낸다).

6 **미역을 넣고 마무리한다**   미역과 3센티미터 길이로
썬 큰 산파를 넣고 Ⓐ로 맛을 조절하고 내려놓기 전에 절
반쯤 으깬 깨를 넣는다.

 미역 스태미나 수프 재료(4인분)
- -

쇠고기······100그램	큰 산파 ······약간
파······½뿌리	Ⓐ 간장······큰 스푼 1
마늘······1쪽	술······큰 스푼 1
흰깨······큰 스푼 1	소금······작은 스푼 ½
참기름······작은 스푼 1	야채수프 ······4컵
생 미역······40그램	

치킨 수프

1인분 209 kcal

닭고기의 단백질은 혈중 적혈구를 증가시키는 작용을 하며 표고버섯과 함께 섭취하면 보다 체력이 강해진다.
야채도 첨가하면 영양 밸런스는 만점.
여름 타는 데도 권장할 만한 수프다.

★ 파와 생강은 닭고기의 비린내를 없애 주면서 향신료의 효과도 있다. 반드시 닭고기를 넣고 나서 파와 생강을 넣어야 한다.

★ 닭의 뼈에서 맛을 우려내도 좋지만 먹기 곤란한 경우나 아이, 노인이 있는 가정에서는 가슴살, 날개, 다리 살을 사용해도 좋을 것이다.

★ 마른 표고버섯이 자연 건조한 게 아닌 경우에는 2시간 정도 햇볕에 쐬면 체내에서 비타민D로 변화하는 물질이 증가하여 영양가가 높아진다.

한 마 디 메 모

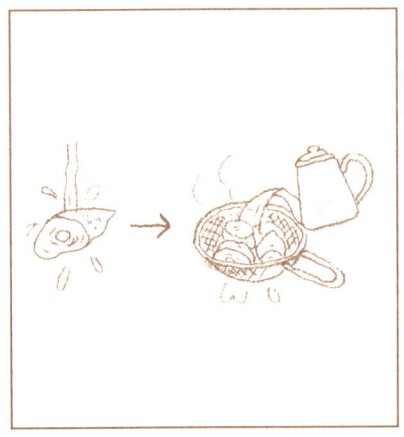

1 닭고기는 씻어서 뜨거운 물을 끼 얹는다.

2 야채를 썬다.

3 수프와 술이 든 냄비에서 닭고 기와 야채를 30분 약한 불로 끓 인다.

4 맛을 조절하고 채친 파와 야채를 썬다. 생강을 넣는다.

1 **닭고기를 씻는다** 뼈가 붙은 닭고기는 물로 씻어서 소쿠리에 넣고 뜨거운 물을 끼얹는다.

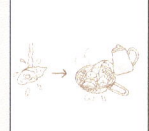

2 **마른 표고버섯을 꺼낸다** 마른 표고버섯은 건져서 물에 넣고 절반으로 썬다. 표고버섯을 끓인 물도 수프에 첨가한다.

3 **파를 썬다** 파는 절반은 크고 두껍게 썰고 나머지는 채친다.

4 **생강을 썬다** 생강의 절반은 얇게 썰고 나머지 절반은 채친다.

5 **끓인다** 냄비에 수프와 술을 넣고 닭고기, 크고 두껍게 썬 파, 표고버섯, 얇게 썬 생강을 넣고 끓어오르면 불을 약하게 하고 30분 정도 보글보글 끓인다(가끔 떠오르는 떫은 액체를 건져 낸다).

6 **마무리** Ⓐ로 맛을 조절하고 채친 파, 생강을 넣고 떡잎 채소를 넣는다.

 치킨 수프 재료(4인분)

뼈 붙은 닭고기…500그램	Ⓐ 소금……작은 스푼 ⅔
마른 표고버섯……4개	간장……작은 스푼 1
파……1뿌리	야채수프……6컵
생강……1쪽	술……½컵
떡잎 채소……약간	

간 수프

1인분 246 kcal

간에는 비타민A 외에 철분, 칼슘, 미네랄이 풍부하게 함유
되어 있어서 빈혈의 예방 외에도 종합적인 영양 보급에 효
과가 있다.

★ 간은 신선한 것을 사용하면 냄새는 신경 쓰이지 않는다.
물에 너무 오래 담가 두면 영양분의 손실이 많으니 2~3
번 물을 갈아 가며 5분 정도 물에 담가 두면 충분하다.
그러면 간이라 생각하지 못할 정도로 맛있어진다.

★ 우유에 담가 두면 간의 냄새를 좀더 줄일 수 있다. 우유의
지방이나 단백질에는 콜로이드라는 입자가 함유되어 있는
데 이 입자가 냄새의 성분을 흡수하여 커버해 준다.

한마디 메모

1 간을 물에 담갔다가 잘게 썬다.

2 잘게 썬 양파와 간을 볶는다.

3 밀가루를 넣고 다시 볶아 수프에 넣고 끓인다.

4 믹서기로 갈아서 냄비에 넣고 우유를 첨가하여 끓인다.

1 **간을 썬다** 간은 물을 갈아 주고 나서 5분 정도 물에 담근 후 조그맣게 썬다.

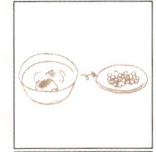

2 **양파와 함께 볶는다** 양파는 잘게 썰어서 버터로 볶다가 간과 함께 볶는다.

3 **끓인다** 밀가루를 뿌려 넣고 다시 볶고 수프를 넣고 중간 불로 끓인다.

4 **매끄럽게 간다** 다 끓었으면 푸드 믹서기로 곱게 간다.

5 **우유를 넣는다** 냄비에 넣고 한 번 끓이고 우유를 첨가하여 끓인다.

6 **마무리** 소금, 후추로 맛을 조절하고 파슬리를 잘게 썰어 뿌린다.

 간과 야채수프 재료(4인분)

간……300그램	우유……2컵
버터……큰 스푼 2	소금……약간
양파……작은 것 1개	후추……약간
밀가루……큰 스푼 3	파슬리……약간
야채수프……2컵	

카레 수프

1인분 **112** kcal

카레나 커민(cumin : 미나릿과의 실물) 등의 향신료나 생
강 등은 발한 작용을 높이고 신진대사를 촉진함과 아울러
세균의 증식을 억제하는 작용도 한다.
야채의 풍부한 비타민류와 식물섬유가 몸의 컨디션을 조절
해 주고 피로 회복, 스태미나에 좋다. 오크라(okra)의 찰
기 성분 점액소(mucin)가 단백질의 소화를 돕고 장의 기
능을 회복해 주는 역할도 한다.

★ 몸이 따뜻해지는 맛있는 수프다. 생강이나 마늘은 잘게
썰거나 강판에 갈아서 사용하자.

★ 커민(cumin)은 인도를 대표하는 향신료로 카레 요리에는
없어서는 안 된다. 이것을 넣으면 고상한 맛이 우러난다.

한 마디 메모

1   닭고기와 야채를 썰고 아욱을 다
듬는다.

2   마늘과 생강을 볶고 닭고기를 첨
가하여 볶는다.

3   양파, 커민을 첨가하고 다시 볶
는다.

4   수프를 넣고 끓인다. 느타리버
섯, 가지, 아욱 순으로 넣고 끓
인다.

1 **재료를 썬다** 닭고기는 한 입 크기로 썬다. 양파는 약간 거친 듯 잘게 썬다. 느타리버섯은 찢어놓는다. 아욱은 씻어서 다듬는다. 가지는 둥글게 썬다.

2 **볶는다** 기름을 가열하고 마늘과 생강을 잘게 썰어 볶고 닭고기를 첨가하여 볶아서 양파, 커민을 첨가하여 다시 약간 눌 때까지 볶는다.

3 **끓인다** 수프를 넣고 끓인다. 닭고기가 거의 익으면 느타리버섯, 가지, 아욱 순으로 넣고 Ⓐ를 첨가하여 끓인다.

 카레 수프 재료(4인분)

닭고기 다리 살······1장	커민(잘게 썬 것)········약간
양파·················½개	기름··········큰 스푼 1
느타리버섯···········1팩	야채수프············5컵
아욱···············12개	Ⓐ 카레 가루··· 큰 스푼 1
가지···············2개	설탕········ 작은 스푼 1
생강················1쪽	소금················ 약간
마늘(잘게 다진 것)········1쪽	후추················ 약간

고추장 돼지고기 수프

1인분 **104** kcal

고추장에 함유되어 있는 고추의 매운맛 성분 갑사이신 (capsaicin)이나 생강의 매운맛 성분 등은 혈액순환을 좋게 하고 몸을 따뜻하게 해서 신진대사를 촉진한다.
파나 부추는 비타민B1의 작용을 높여준다.
피로 회복, 감기 예방, 스태미나를 강하게 해주는 데 효과적이다.

★ 고추장은 가정에서도 만들 수 있다.

재료…된장 200그램, 물 1컵, 소금 작은 스푼1, 설탕 150그램, 고춧가루 50그램, 식초 큰 스푼 1, 술 큰 스푼 1, 간장 작은 스푼 1

만드는 법…냄비에 재료를 넣고 잘 섞어서 눌지 않도록 휘저으면서 4~5분 끓여서 식혀 병에 보관한다. 야채나 밥에 비벼 먹어도 맛있다.

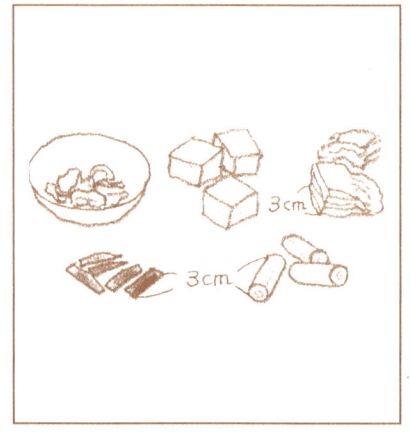

1 재료를 썬다. 고기는 Ⓐ에 재워 둔다.

2 마늘, 돼지고기를 볶아서 수프를 첨가하여 끓인다.

3 두부, 배추를 넣고 맛을 조절한다.

4 파를 넣고 한 번 끓이고 부추를 넣는다.

1 고기를 썬다 돼지고기는 한 입 크기로 얇게 썰어서 Ⓐ에 재운다.

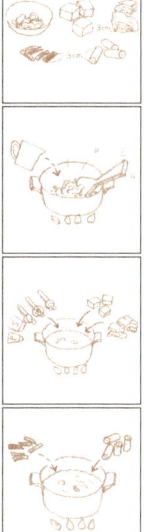

2 두부를 썬다 두부는 두께를 절반으로 썰어서 8등분한다.

3 야채를 썬다 배추는 3센티미터로 큼직하게 썰고 파와 부추도 3센티미터 길이로 썬다.

4 볶는다, 끓인다 마늘을 잘게 다져서 기름으로 볶고 돼지고기를 넣어 볶아 수프를 첨가하여 끓인다.

5 맛을 조절한다 두부, 배추를 넣고 끓어오르면 Ⓑ로 맛을 조절한다. 부드러워지면 파를 넣고 한 번 끓여서 부추를 넣는다.

고추장 돼지고기 수프 재료(4인분)

돼지고기(얇게 썬)···100그램		간장···작은 스푼 1	
두부······½모		참기름···작은 스푼½	
배추······2장	Ⓑ	고추장···큰 스푼 1	
부추······½묶음		간장······큰 스푼 1	
파······½뿌리		술······큰 스푼 1	
마늘······1쪽		소금······약간	
야채수프······5컵		후추······약간	
기름······작은 스푼 1			
Ⓐ 생강즙···약 10그램			

타이식 톰얌쿵 수프

1인분 **84** kcal

타이의 유명한 수프를 응용한 것.
고추와 생강이 혈액 순환을 촉진하고 신진대사를 높인다.
냉증, 식욕 부진, 감기 예방에도 효과적이다.

★ 톰양쿵(Tom yam kung)이란 '새우를 넣은 맵고 신 수 프'라는 의미로 타이의 대표적인 수프다.

★ 버섯은 송이버섯, 표고버섯이면 된다. 남플라(namplaa: 소금으로 절인 생선을 눌림 돌로 눌러서 나온 즙을 채로 밭친 것)는 생선을 발효시켜서 만든 타이 간장이다.

★ 톰양쿵 페이스트를 팔고 있으니 그것을 이용하면 손쉽게 본고장의 맛을 즐길 수 있다.

★ 새우는 살짝 데칠 정도로 익히는 게 좋다.

1 　재료를 썬다.

2 　냄비에 Ⓐ와 새우 껍질을 넣고 끓여 채로 밭인다.

3 　양파, 브로콜리, 버섯, 새우를 넣고 끓인다. Ⓑ로 맛을 조절한다.

4 　큰 산파를 넣는다.

1 미리 준비한다 새우는 껍질을 벗겨 등의 내장을 제거한다. 버섯은 세로로 한 번, 양파는 1센티미터 너비로 썬다. 브로콜리는 조그만 송이로 나눈다.

2 수프를 만든다 냄비에 수프와 Ⓐ를 넣고 새우 껍질도 넣고 끓인 뒤, 촘촘한 소쿠리로 밭인다

3 끓인다 수프 안에 양파, 브로콜리, 버섯을 넣고 끓인다. 새우를 넣고 살짝 끓으면 Ⓑ를 넣고 맛을 조절한다

4 마무리 3센티미터로 썬 큰 산파를 넣고 그릇에 담고 나서 향채(코리엔더)를 얹는다.

 타이식 톰얌쿰 수프 재료(4인분)

새우……12마리
버섯……8개
양파……1개
브로콜리……80그램
야채수프……5컵
Ⓐ 빨간 고추……2개
　레몬 껍질…⅓개 분
　생강 얇게 썬 것…1쪽

레몬 초(grass)
Ⓑ 남플라(namplaa)
…큰 스푼 2
(타이 요리에 사용하는 어육 젓갈)
레몬즙……큰 스푼 1
큰 산파……약간
향채……약간

톰얌 우동

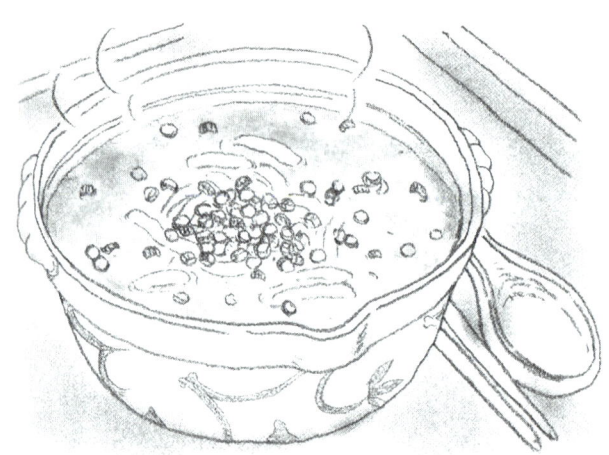

1인분  248 kcal

RECIPE

1 **끓인다** 남은 톰얌쿵에 삶은 우동을 넣고 약간 끓인다.

2 **마무리** 얇고 둥글게 썬 큰 산파를 듬뿍 넣고 그릇에 담는다.

*소면, 중국 국수로 만들어도 맛있다.

 재료 (2인분)

톰얌쿵 남은 것…2컵
우동……1말이
큰 산파……적당량

몸을 덮히고 뇌에 활력을 주는

죽

아침식사나 야식으로

죽의 효능

쌀이나 잡곡에 맹물이나 우려낸 물을 듬뿍 넣고 야채나 버섯, 해초, 고기나 생선, 계란 등 가까이 있는 소재를 넣고 부드럽게 끓인 죽은 한 그릇 안에 당질, 단백질, 각종 비타민, 미네랄, 식물섬유 등이 균형 있게 포함되어 있는 대단히 몸에 좋은 음식이다.

소화 흡수에 필요한 수분도 적당히 포함되어 있기 때문에 신진대사를 높이고 체내의 불필요한 노폐물을 몸 밖으로 신속히 배출하는 데도 대단히 도움이 된다. 또 소화 흡수도 잘 되기 때문에 일이나 밤샘, 각종 스트레스로 피로한 현대인의 몸에 알맞은 음식이라고도 말할 수 있다.

사람은 식사를 하고 나서 약 30분에서 1시간 가까이 지나면 체온이 상승한다고 한다.

뇌나 내장 기관이 활동하기 시작하기 때문에 몸이 눈을 뜨고, 의식도 높아지고, 기력도 충실해진다.

아침 식사를 거르고 출근하는 샐러리맨은 대개 무의식중에 에너지 소모를 방지하려고 하기 때문에 기운 없이 걷고 지하철을 타도 손잡이를 잡고 졸린 듯한 모습을 하고 있는 경우가 많고 뇌의 기능도 둔해져서 사고나 실수도 많아진다고 한 생명 보험회사의 조사에 나와 있다.

따뜻하고 소화 흡수가 잘되는 죽은 위장에 부담도 적기 때문에 다른 요리보다 체온의 상승을 빠르게 하는 데 도움이 되고 뇌에도 신속히 활력을 줄 수 있다.

아침 식사나 야식, 약간 피로할 때 영양식으로도 죽을 많이 먹어 활력 넘치고 건강하게 지내도록 하자.

흰살생선과 나무 열매죽

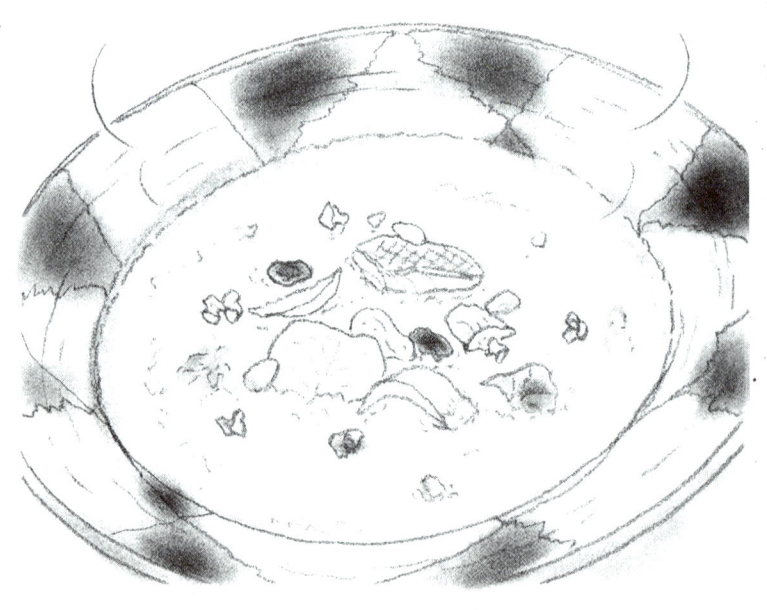

1인분  kcal

비타민E가 많고 동맥경화 예방에 도움이 되며
혈액 순환이 잘 되게 하여 젊디젊은 몸을 유지하는 데 도
움이 된다.
노화를 방지하고 피로 회복에도 효과가 있다.

★ 콩 종류는 많이 사서 쓰고 남기면 유효 성분이 산화되어
  버리는 경우가 있다. 오래 보관하는 경우는 냉동고에 넣
  도록 하자.

★ 나무 열매는 고칼로리인 경우가 많기 때문에 과식하지 않
  도록 주의하자. 잘게 썰어서 유효 성분의 흡수를 높이는
  것이 요령이다.

한 마디 메모

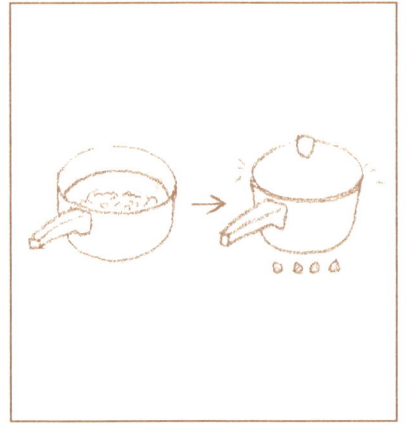

1 쌀은 씻어서 수프에 넣고 30분 두고 불에 얹어 50분 정도 끓인다.

2 약 10분 전에 나무 열매와, 과일을 넣고 끓인다.

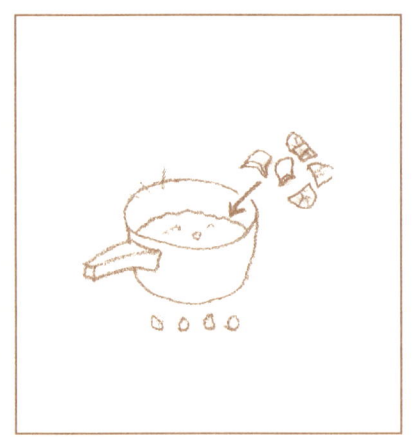

3 청경채를 넣고 끓인다.

4 흰 살 생선을 넣고 한 번 끓이고 맛을 조절한다.

RECIPE

1 **쌀을 끓인다** 쌀은 씻어서 수프에 넣고 30분 두고 불에 얹어 끓으면 불을 약하게 하고 50분 정도 천천히 끓인다.

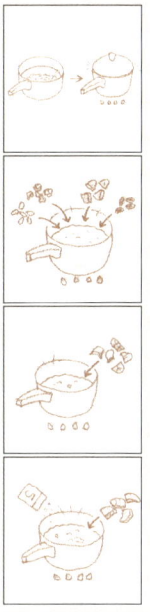

2 **나무 열매와 청경채를 끓인다** 약 10분 전에 건포도, 사등분한 살구, 삶아서 껍질을 벗겨 잘게 썬 호두, 잣을 넣는다. 큼직하게 썬 청경채를 넣고 끓인다.

3 **생선을 끓인다** 껍질과 뼈를 제거하고 얇게 썬 회용으로 신선한 흰 살 생선을 넣고 한 번 끓여서 소금으로 맛을 조절한다.

흰 살 생선과 나무열매의 죽 재료(4인분)

쌀……½컵	잣……20그램
야채수프……5컵	청경채……2포기
건포도………20그램	흰 살 생선(회용)…120그램
호두……20그램	소금……약간
살구……20그램	

중국식 죽

1인분 **217** kcal

청경채에는 비타민C, 카로틴, 칼슘 등이 많이 함유되어 있어서 위장병, 소화 불량, 식욕 부진에 효과가 있다.

★ 청경채는 쓰거나 떫은맛이 없고 부드러워서 미리 삶지 않아도 사용할 수 있다.

한마디메모

1 쌀은 씻어서 30분 정도 수프에
담갔다 불에 얹어 50분 정도 끓
인다.

2 청경채와 우유를 첨가하여 끓
인다.

3 계란을 풀어 넣고 반숙이 되면
불을 끈다.

4 식욕을 돋구는 야채나 향신료를
작은 그릇에 가지런히 놓는다.

1 **쌀을 끓인다**　쌀은 씻어서 수프에 30분 정도 담갔다 불에 얹는다. 끓으면 한 번 휘젓고 그 후에는 섞지 않고 넘치지 않도록 주의하면서 아주 약한 불로 50분 정도 끓인다.

2 **끓인다**　청경채를 큼직하게 썬 것과 우유를 첨가하여 끓인다.

3 **계란을 넣는다**　계란을 휘저으면서 넣고 가볍게 섞어, 계란이 반숙이 되면 불을 끈다.

4 **반찬, 야채나 향신료를 곁들인다**　구워서 잘게 부순 소금에 절인 연어, 토마토 큼직하게 썬 것, 채친 파란 차조기와 돼지고기 구운 것, 약간 볶은 깨 그리고 뱅어포, 마른 멸치 등을 조그만 그릇에 곁들여 놓는다.

　중국식 죽 재료(4인분)

쌀······1컵	깨·······큰 스푼 2
야채수프······8컵	뱅어포······40그램
계란······2개	파란 차조기···5매
청경채······100그램	돼지고기 구운 것···100그램
우유······1컵	
소금에 절인 연어···1토막	
토마토······1개	

좁쌀 죽

1인분 **160** kcal

야채, 버섯, 해초가 든 좁쌀 죽은 비타민, 미네랄이 듬뿍 들어 있는 건강식이다.
식물섬유도 듬뿍 들어 있기 때문에 컨디션을 조절하여 체력을 건강하게 하고 싶은 사람에게는 딱 알맞다.

★ 좁쌀은 입자가 아주 작기 때문에 구멍이 촘촘한 소쿠리에 받아서 씻을 것. 불필요한 성분을 제거하려면 잘 씻어 내자.

한마디메모

1 좁쌀은 많은 물에 1시간 정도 담갔다 물기를 없앤다.

2 야채를 썰고 느타리버섯은 찢고 톳은 물에서 건져낸다.

3 수프로 좁쌀을 끓인다.

4 20분 정도 끓인 다음 야채와 톳을 넣고 끓인다.

1 **좁쌀을 씻은 다음 물기를 없앤다**   좁쌀은 물을 3~4
번 갈아 주면서 잘 씻고 많은 물에 1시간 정도 담가서 떫
거나 안 좋은 성분을 없애고 구멍이 촘촘한 소쿠리로 건
져 내서 물기를 없앤다.

2 **야채를 썬다**   당근, 무는 3센티미터 길이로 얇고 조
붓하게 썰고 느타리버섯은 찢어 놓는다.

3 **끓인다**   수프에 좁쌀을 넣고 끓인다. 끓었으면 불을
약하게 하고 40분 정도 끓인다. 20분 정도 지나면 **2**를
넣고 끓인다. 부드러워졌으면 Ⓐ를 넣고 맛을 조절한다.

 좁쌀 죽 재료(4인분)

좁쌀······1컵	무······150그램
야채수프······5컵	톳······20그램
당근······50그램	Ⓐ 소금······약간
유채······100그램	간장······큰 스푼 1
송이버섯······1팩	술······큰 스푼 1

차 죽

1인분 **143** kcal

차에는 아미노산이 풍부한데 그중에서도 글루탐산이 많기 때문에 맛이 대단히 깊고 향기롭다. 또 카테킨 함유량이 높고 그 항균성은 O157의 활동을 억제할 정도다. 비타민C나 E도 많고 아연, 불소, 사포닌도 함유되어 있기 때문에 충치 예방, 이뇨 작용, 혈압 강하 작용, 항암 작용 등 효능이 있다고 하여 주목을 받고 있다.

★ 차는 너무 끓이지 않도록 주의할 것. 타닌이 너무 나와 쓰게 되며 색도 나빠진다.

★ 기호에 맞게 식초가 들어간 요리나 야채 절임을 곁들여 맛과 향을 즐기자.

한마디메모

1   수프를 끓인다.

2   차 거르는 망 또는 차 거르는 그
　　릇에 차를 넣고 끓인다.

3   씻은 쌀을 차 안에 넣고 40~50
　　분 끓인다.

4   식힌다.

1 차를 만든다 수프를 끓이고 그 속에 차 거르는 망 또는 차 거르는 그릇에 차를 넣고 끓여 내서 향이 좋은 차를 만든다.

2 끓인다 이 안에 씻은 쌀을 넣고 부드러워질 때까지 40~50분 끓이고 식힌다.(야채수프로 끓인 죽에 가루 녹차를 첨가해도 좋다.)

 차 죽 재료(4인분)

쌀……………1컵
야채수프………7컵
녹차…………20그램
배추 절인 것
생선 구이
푸른 채소에 깨소금을 넣고 묻힌 것 } 적당량
계란구이
튀김

오트밀 죽

1인분 200 kcal

오트밀은 귀리를 도정하여 굵게 간 것이다.

곡류 중에서는 지방이나 단백질이 많고 우유를 첨가하여 먹으면 아미노산이 보충되어 영양가와 흡수율도 높아진다.

몸을 따뜻하게 하는 효과가 있고 소화 흡수가 잘 되는 오트밀에 녹황색 야채를 듬뿍 첨가하면 변비, 거친 피부, 스트레스에 효과적이다.

★ 오트밀은 습기를 잘 빨아들여 변질하기 쉽기 때문에 밀폐 용기에 넣어 보관에 주의해야 한다.

1 야채는 1센티미터 너비로 깍둑썰
기한다.

2 야채를 버터로 볶아서 수프를 넣
고 끓인다.

3 오트밀을 넣은 다음 휘저으면서
2~3분 끓인다.

4 우유, 소금, 후추를 첨가하고 끓
어오르기 직전에 불을 끈다.

1 **야채를 볶는다** 야채는 1센티미터 너비로 깍둑썰기해서 버터로 볶아 야채수프를 넣고 끓인다.

2 **오트밀을 넣고 끓인다** 야채가 익기 시작하면 오트밀을 넣고 휘저으면서 2~3분 끓인다.

3 **마무리** 오트밀이 걸쭉해지면 우유, 소금, 후추를 첨가하고 끓어오르기 직전에 불을 끈다. 잘게 썬 파슬리와 가루 치즈를 첨가해도 맛있다.

  오트밀 죽 재료(4인분)

호박……100그램	소금……약간
순무……50그램	후추……약간
완두……40그램	버터……큰 스푼 1
오트밀……100그램	야채수프……3컵
우유……2컵	

부추 죽

1인분 146 kcal

부추는 베타칼로틴이 듬뿍 함유되어 있으며 한 다발로 하루 필요량을 보충할 수 있을 정도다.

하루 필요량 기준으로 비타민C는 $\frac{1}{2}$양, 비타민E는 $\frac{1}{3}$양을 보충할 수 있을 정도로 좋은 식품이다.

부추의 유화 알릴이 비타민B$_1$의 흡수를 높여 주고 에너지원이 되는 당질의 분해를 빠르게 해 주기 때문에 피로 회복, 감기, 냉증, 변비에 효과가 있다.

★ 부추에 함유되어 있는 유화 알릴은 휘발성으로 물에 용해되기 쉽기 때문에 썰거나 씻거나 하는 작업은 신속히 마치는 것이 중요하다.

한마디메모

1 씻은 밥과 당근, 느타리버섯을
　 수프로 끓인다.

2 Ⓐ를 약한 불에 얹고 윤기가 나
　 올 때까지 절인 다음 생강즙을
　 넣는다.

3 야채에 열이 가해지고 밥이 불
　 었으면 부추를 첨가하고 살짝
　 끓인다.

4 그릇에 담아 깨소금을 넣은 조미
　 국물을 끼얹는다.

1 **밥을 씻는다** 밥은 소쿠리에 넣고 미끈미끈한 것을
제거하고 물기를 없앤다.

2 **야채를 썬다** 당근은 3센티미터 길이로 채치고 느타
리버섯은 밑뿌리를 잘라놓고, 찢어놓는다.

3 **끓인다** 수프에 2와 밥을 넣고 끓인다.

4 **깨소금을 넣은 조미 국물을 만든다** 그 사이에 깨소
금을 넣은 조미 국물을 만든다. Ⓐ를 작은 냄비에 넣고
약한불에 얹고 휘저으면서 조금씩 윤기가 나올 때까지
끓인 다음 생강즙을 첨가하여 불을 끈다.

5 **부추를 첨가한다** 야채에 열이 가해지고 밥이 불었으
면 3센티미터 길이로 썬 부추를 첨가하고 살짝 끓이고
그릇에 담아 4를 끼얹는다.

 부추 죽 재료(4인분)

밥……2컵	물성 기름을 넣어 걸쭉하게 만
야채수프……6컵	든 것
당근……$\frac{1}{4}$개	된장……큰 스푼 2
느타리버섯……1팩	참기름……작은 스푼 1
부추……$\frac{1}{2}$다발(50그램)	간장……큰 스푼 1
Ⓐ 지마장……큰 스푼 2	맛술……큰 스푼1
※지마장: 중국어로, 깨소금에 식	생강즙……적당량

중국식 스태미나 잡탕죽

1인분 **182** kcal

간에는 조혈작용이 있는 철분과 엽산, 비타민B1, B2가 풍부하게 함유되어 있다.

저지방, 저칼로리이기 때문에 다이어트에도 효과적이다.

★ 간은 5분 정도 물을 갈아 주면서 피를 뽑아 내고 사용하자. 오랜 시간 물에 담가 두면 영양분의 손실이 많아진다.

★ 간을 우유에 담가 두면 역한 냄새가 사라진다. 우유의 지방이나 단백질이 코로크도라는 입자 형태로 함유되어 있어서 이 입자가 냄새의 성분을 흡착하여 없애 주기 때문이다.

1 간을 썰어서 Ⓐ로 끓인다.

2 밥을 씻어서 수프로 끓인다.

3 맛을 조절하고 계란을 휘저으면서 넣는다.

4 간과 부추를 넣고 살짝 끓인다.

1 간을 끓인다 소의 간은 엷은 피막을 제거하고 가늘 게 썰어서 Ⓐ로 끓인다.

2 밥을 끓인다 밥은 소쿠리에 넣고 물로 씻어서 미끈 미끈한 것을 제거하고 수프와 함께 끓인다.

3 계란을 첨가한다 끓어오르고 밥이 불었으면 Ⓑ를 첨 가하여 맛을 조절하고 계란을 휘저으면서 넣는다.

4 간과 부추를 끓인다 1의 간과 3센티미터 길이로 큼 직하고 썬 부추를 넣고 살짝 끓이고 그릇에 담아 볶은 깨 를 뿌린다.

 중국식 스태미나 잡탕 죽 재료(4인분)

밥⋯⋯2컵	설탕⋯작은 스푼 $\frac{1}{2}$
야채수프⋯⋯6컵	계란⋯⋯1개
소 간⋯⋯150그램	부추⋯⋯1다발
Ⓐ 생강즙⋯작은 스푼 1	볶은 깨⋯⋯큰 스푼 1
간장⋯⋯큰 스푼 1	Ⓑ 소금⋯⋯약간
술⋯⋯⋯큰 스푼 1	간장⋯⋯작은 스푼 1

갓과 풋콩 잡탕 죽

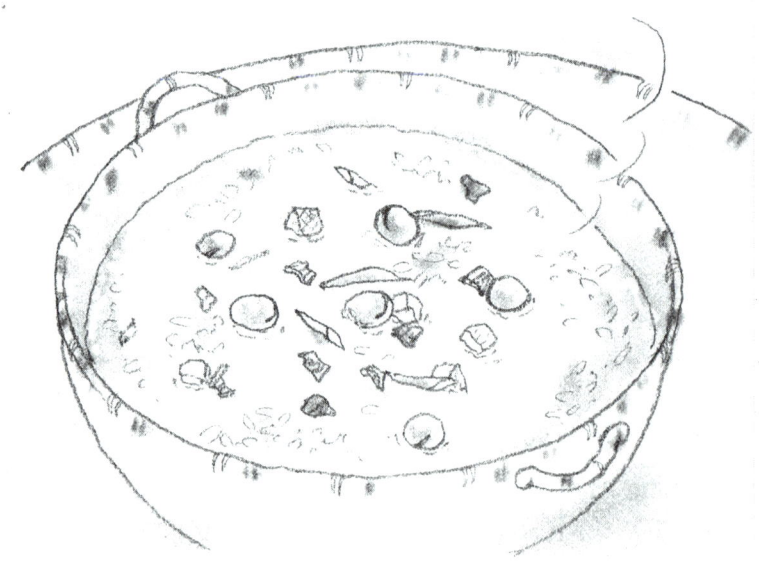

1인분 **165** kcal

풋콩은 대두와 마찬가지로 영양가가 높고 양질의 단백질, 비타민B1, B2, 칼슘, 식물섬유를 많이 함유하고 있다.
대두에는 없는 비타민C도 풍부하다.
갓의 맛과 향이 더해져 식욕을 돋구어 준다.
여름 타는 것을 해소하고 피로 회복, 스트레스 해소에 효과적이다.

★ 콩에 소금을 듬뿍 넣고 잘 비벼서 뜨거운 물에 소금을 한 줌 넣고 삶아 건져 내서 사용하면 맛과 향이 변하지 않는다.

한마디메모

1 밥을 씻고 당근, 갓을 썬다.

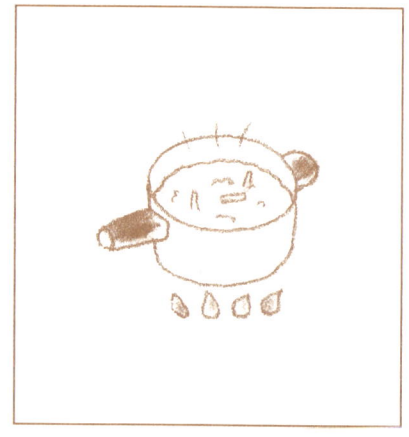

2 밥, 당근을 수프로 끓인다.

3 갓, 풋콩, 구운 돼지고기를 넣는다.

4 Ⓐ로 맛을 조절하고 살짝 끓인다.

1 **밥을 씻고 야채를 썬다** 밥은 씻어서 미끈미끈한 것을 제거하고, 당근은 3센티미터 길이로 채친다. 갓은 소금에 절인 것을 물에 담가 소금기를 없애고 약간 굵직하게 썬다.
풋콩은 삶아서 알맹이를 콩깍지에서 꺼낸다.

2 **야채를 끓인다** 냄비에 수프를 넣고 밥, 당근을 넣고 끓인다.

3 **맛을 조절한다** 갓과 풋콩, 1센티미터 너비로 썬 구운 돼지고기를 넣고 Ⓐ로 맛을 조절하고 한 번 살짝 끓인다.

 갓과 풋콩 잡탕 죽 재료(4인분)

밥······2컵	Ⓐ 간장···작은 스푼 1
야채수프······5컵	소금······약간
당근······50그램	술······큰 스푼 1
갓······100그램	
풋콩(콩깍지 벗긴것)···½컵	
구운 돼지고기··80그램	

해초 잡탕 죽

1인분  100 kcal

해초에 많이 함유되어 있는 수용성 식물섬유는 체내의 불필
요한 콜레스테롤이나 염분을 흡착해 체외로 배설해 준다.
고혈압, 스트레스, 비만 예방, 변비 등에 효과적이다.

★ 상쾌한 바다의 향기를 맛볼 수 있는 일품 요리다. 해초에
  는 칼슘, 철분, 요도, 비타민류가 많이 함유되어 있어 점
  질물이 많고 미끈미끈한 것이 특징이다.

★ 생 해초는 살짝 씻어서 쓴다. 소금에 절인 해초를 사서 사
  용할 경우 물로 충분히 염분을 빼내자.

한마디메모

1 밥을 씻고 당근과 표고버섯을
썬다.

2 해초는 물에 담가서 먹기 쉽게
썬다.

3 수프에 밥, 당근, 표고버섯을 넣
고 끓인다. Ⓐ로 맛을 조절한다.

4 해초를 첨가하여 한 번 끓이고
미나리를 고루 넣는다.

1 **밥을 씻는다** 밥은 씻어서 미끈미끈함을 없앤다.

2 **야채를 썬다** 표고버섯은 뿌리를 제거하고 가늘게 썬다. 당근은 3센티미터 길이로 채친다.

3 **해초를 썬다** 해초는 물에 충분히 담가서 소금기를 빼고 먹기 쉽게 썬다.

4 **끓인다** 수프에 1, 2를 넣고 끓여서 Ⓐ로 맛을 조절한다.

5 **마무리** 끓었으면 해초를 넣고 한 번 끓이고 큼직하게 썬 미나리를 고루 넣는다.

 해초 잡탕 죽 재료(4인분)

밥······2컵	미나리······40그램
야채수프······5컵	Ⓐ 소금······약간
해초······100그램	맑은 간장···작은 스푼 2
생 표고버섯······4개	술······큰 스푼 1
당근······20그램	

닭튀김과 완두콩 잡탕 죽

1인분 **200** kcal

완두콩은 비타민A, C가 많고 칼슘, 식물섬유도 풍부하다.
꽃봉오리를 먹는 꽃양배추에는 비타민C가 풍부하다.
당근에는 카로틴이 듬뿍 들어 있다.
맛있는 닭튀김과 함께 끓여 먹어 보자. 체력 증강, 냉증,
빈혈에 효과적이다.

★ 튀김옷을 입히지 않은 닭튀김은 마지막에 넣고 한 번 살
짝 끓이고 나서 그릇에 담는다. 너무 빨리 넣으면 껍질이
녹아 잡탕 죽에 섞여 끈적끈적해진다.

★ 닭튀김이 큰 경우에는 먹기 쉽게 썰어서 넣는다.

한마디메모

1 밥은 씻어서 미끈거리는 것을 없
앤다.

2 당근, 꽃양배추를 썰고 청대 완
두콩은 줄기를 제거한다.

3 수프에 밥, 꽃양배추, 당근을 첨
가하여 끓인다.

4 맛을 조절하고 닭튀김, 청대 완
두콩을 첨가, 한 번 더 끓인다.

1 **밥을 씻는다** 밥은 씻어서 미끈한 것을 없앤다.

2 **야채를 썬다** 당근은 3센티미터 길이로 채친다. 청대 완두콩은 심줄을 제거한다. 꽃양배추는 작은 송이로 갈라 놓는다.

3 **재료를 끓인다** 수프에 밥, 꽃양배추, 당근을 첨가하여 끓인다. 끓어오르면 불을 약하게 한다. 밥이 불었으면 Ⓐ로 맛을 조절하고 닭튀김과 청대 완두콩을 넣는다.

4 **마무리** 한 번 더 끓었으면 그릇에 담고 산초를 뿌린다.

 닭튀김과 완두콩 잡탕 죽 재료(4인분)

밥⋯⋯2컵	산초⋯⋯약간
야채수프⋯⋯5컵	Ⓐ 소금⋯⋯약간
닭튀김⋯⋯150그램	간장⋯⋯큰 스푼 1
청대 완두콩⋯⋯50그램	술⋯⋯큰 스푼 1
꽃양배추⋯⋯80그램	

정어리와 파 잡탕 죽

1인분 205 kcal

손쉽게 할 수 있는 야채수프 건강 요리법

정어리의 칼슘 함유량은 100그램 당 70그램으로 많고 또 칼슘의 흡수율도 높고 비타민D도 풍부하다. 잘 이용하여 뼈에 영양을 주어 건강에 도움이 되도록 하자.

정어리는 혈액의 흐름을 원활하게 하여 콜레스테롤을 낮추는 EPA(eicosapentaenoic acid. 에이코사펜타에노산)나 머리를 좋게 하는 DHA도 함유되어 있는 우수한 생선이다.

골다공증, 고혈압, 동맥경화를 방지하고, 체력 증강에 효과가 있다.

★ 신선한 정어리를 깨끗이 씻어 사용하면 도미처럼 담백해진다. 흐르는 물에 깨끗이 씻어서 한 번 데친 다음에 그 물을 따라 버리면 더욱 맛있게 먹을 수 있다.

★ 레몬과 파가 냄새를 제거하고 향을 돋구어 준다.

한마디 메모

1 정어리의 머리와 내장을 제거하고 2~3등분하여 살짝 데친다.

2 수프에 씻은 밥과 정어리를 넣고 끓인다.

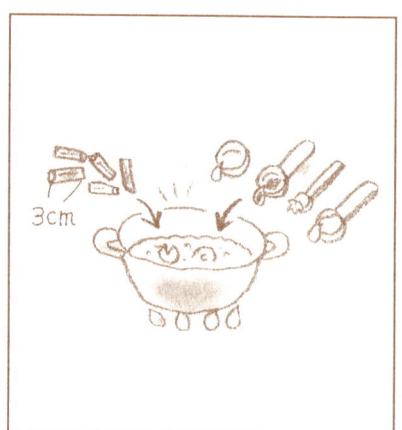

3 정어리에 열이 가해지면 맛을 조절하고 청파를 넣고 한 번 끓인다.

4 먹기 적전에 레몬즙을 끼얹는다.

1 씻는다   밥은 소쿠리에 넣고 씻어서 미끈거리는 것을
제거한다.

2 데친다   정어리는 머리와 내장을 제거하고 잘 씻어서
한 마리를 2~3등분하여 뜨거운 물 속에 넣고 살짝 데치
고 소쿠리에 옮겨 물기를 없앤다.

3 끓인다   야채수프에 밥과 정어리를 넣고 끓인다.

4 맛을 조절한다   정어리에 열이 가해지면 Ⓐ로 맛을
조절하고 3센티미터 길이로 썬 청파를 넣고 한 번 끓
인다.

5 마무리   먹기 직전에 레몬즙을 뿌린다.

 정어리와 파 잡탕 죽 재료(4인분)

밥……2컵	Ⓐ 간장…큰 스푼 $\frac{1}{2}$
정어리……4마리	소금……약간
청파……적량	술……큰 스푼 1
레몬……2개	생강즙……1쪽
야채수프……6컵	

나폴리풍 리조또

1인분 **395** kcal

화이트 와인의 향은 혈액 순환 촉진에 좋다.
올리브에는 비타민E가 많고 혈중 콜레스테롤을 내리는 데
도 도움이 된다.
고혈압, 식욕 부진, 냉증이 있는 사람에게 특히 권한다.
모든 영양소가 균형에 맞게 함유된 건강 리조또이다.

★ 토마토 맛이 포인트이다.

★ 껍질 벗긴 새우는 등에 있는 내장을 제거하고 사용하자.
입맛이 좋아진다.

★ 화이트 와인을 이용하면 새우의 비린내가 없어지고 상쾌
한 일품 요리로 마무리된다.

한마디 메모

1 양파, 버섯, 쌀을 버터로 볶아 수
프를 첨가하여 끓인다.

2 새우를 볶아서 화이트 와인, 소
금, 후추를 친다.

3 끓고 있는 수프에 새우, 토마토
를 첨가, 맛을 조절한다.

4 그릇에 담아 가루 치즈, 올리브,
파슬리를 뿌린다.

1 **쌀을 끓인다**   쌀은 씻어서 물기를 없앤다. 양파는 잘 게 썰고 버섯은 얇게 썰어서 버터로 볶는다. 이 속에 쌀 을 넣고 볶은 다음 야채수프를 넣고 끓인다.

2 **새우를 볶는다**   껍질 벗긴 새우는 등의 내장을 제거 하고 버터로 볶아 화이트 와인, 소금, 후추를 쳐서 맛을 조절한다.

3 **토마토를 썬다**   토마토는 뜨거운 물에 넣어 껍질을 벗기고 1센티미터 너비로 썬다.

4 **맛을 조절한다**   쌀이 수분을 흡수하여 부드럽게 익어 서 불면 2, 3을 넣고 소금, 후추로 맛을 조절하고 끓인다.

5 **마무리**   그릇에 담고 가루 치즈, 얇게 썬 올리브, 파 슬리를 뿌린다.

 나폴리 풍 리조또 재료(4인분)

쌀……2컵	양파……1개
야채수프……6컵	버섯……8개
껍질 벗긴 새우…200그램	토마토……1개
화이트 와인…큰 스푼 2	흑 올리브……4개
소금……약간	가루 치즈…큰 스푼 2
후추……약간	파슬리(잘게 썬 것)…큰 스푼 2
버터……15그램	

이탈리아풍 수수 리조또

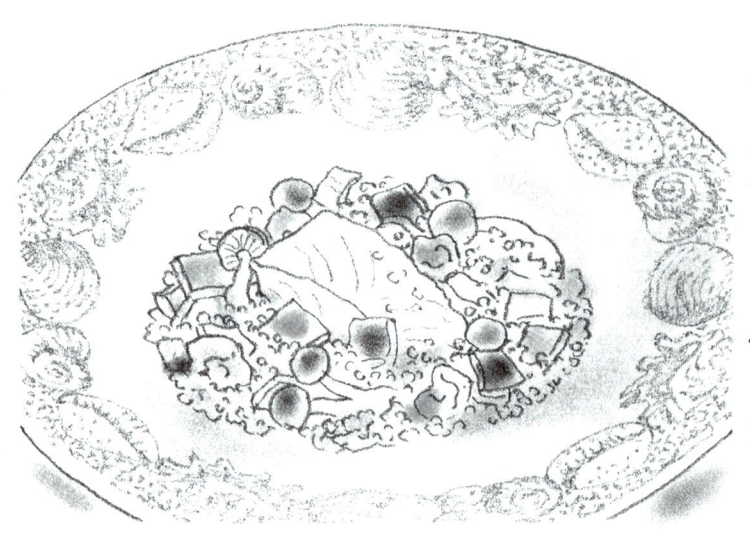

1인분 246 kcal

수수는 식물섬유 외에 철분, 칼슘, 각종 비타민이 풍부하다.
소화 흡수가 잘 되는 저지방의 생선과 야채를 듬뿍 넣은 건강 리조트이다.
냉증, 변비를 방지하고, 자양 강장, 거친 피부에 효과적이다.

★ 수수는 깨끗하게 잘 씻고 다시 물에 담가 아린 맛을 제거하여 사용하자. 입자가 작기 때문에 촘촘한 소쿠리에 넣고 씻는다.

한마디메모

1 수수는 씻어서 1시간 이상 물에 담근다. 느타리버섯은 찢어놓고 야채는 1센티미터 너비로 깍둑썰기를한다.

2 양파, 당근, 느타리버섯을 볶아 흰 살 생선을 첨가한다.

3 수수와 수프를 넣고 끓인다.

4 화이트 와인, 청대 완두, 토마토를 첨가하여 맛을 조절하고 한 번 끓인다.

1 수수의 아린 맛을 제거한다 수수는 잘 씻어서 여러 번 물을 갈면서 씻고 1시간 이상 물에 담가 아린 맛을 뺀다.

2 야채를 썬다 느타리버섯은 뿌리를 제거하고 풀어 헤치고 야채는 1센티미터 너비로 깍둑썰기를 한다.

3 볶는다 냄비에 버터를 넣고 녹이고 양파, 당근, 시메지를 볶아 껍질과 뼈를 제거한 흰 살 생선을 절반으로 썰어서 넣는다.

4 끓인다 수수와 수프를 넣고 부드러워질 때까지 끓인다. 마무리에 화이트 와인, 청대 완두, 토마토, Ⓐ를 넣고 한 번 끓인다.

 이탈리아풍 수수 리조또 재료(4인분)

수수……1컵	토마토……1개
야채수프……6컵	회이트 와인…큰 스푼 2
흰 살 생선……2토막	Ⓐ 소금……약간
양파……½개	후추……약간
느타리버섯……1팩	버터………큰 스푼 1
청대 완두……10개	

역자 홍명조
성신여자대학교 일어일문학과 졸업.
현재 보습학원을 경영하면서 번역 업무에 종사하고 있음.
역서로서 『엄마 이렇게 가르쳐 주세요』, 『우리 아이 무엇이
문제인가』, 『히트 상품은 이렇게 해서 태어났다』, 『유태인의
성공 노트』 외 다수가 있다.

손쉽게 할 수 있는 야채수프 건강 요리법

2008년 12월 10일 1판 1쇄 인쇄
2008년 12월 15일 1판 1쇄 펴냄

지은이 | 아케가미 야스코
옮긴이 | 홍명조
기   획 | 김종찬
마케팅 | 김재욱
디자인 | 김정재
발행인 | 차미경

펴낸곳 | 예림출판(예림미디어)
등록 | 제 313-1997-000010호
주소 | 경기도 고양시 일산서구 탄현동 57-1 아크리움빌1차 101-101호
전화 | (031) 914-4755
팩스 | (031) 914-4756
이메일 | ylbooks@hanmail.net

ISBN 978-89-87774-54-6 03590

*잘못 만들어진 책은 구입하신 서점에서 교환해 드립니다.

*값은 뒤 표지에 있습니다.

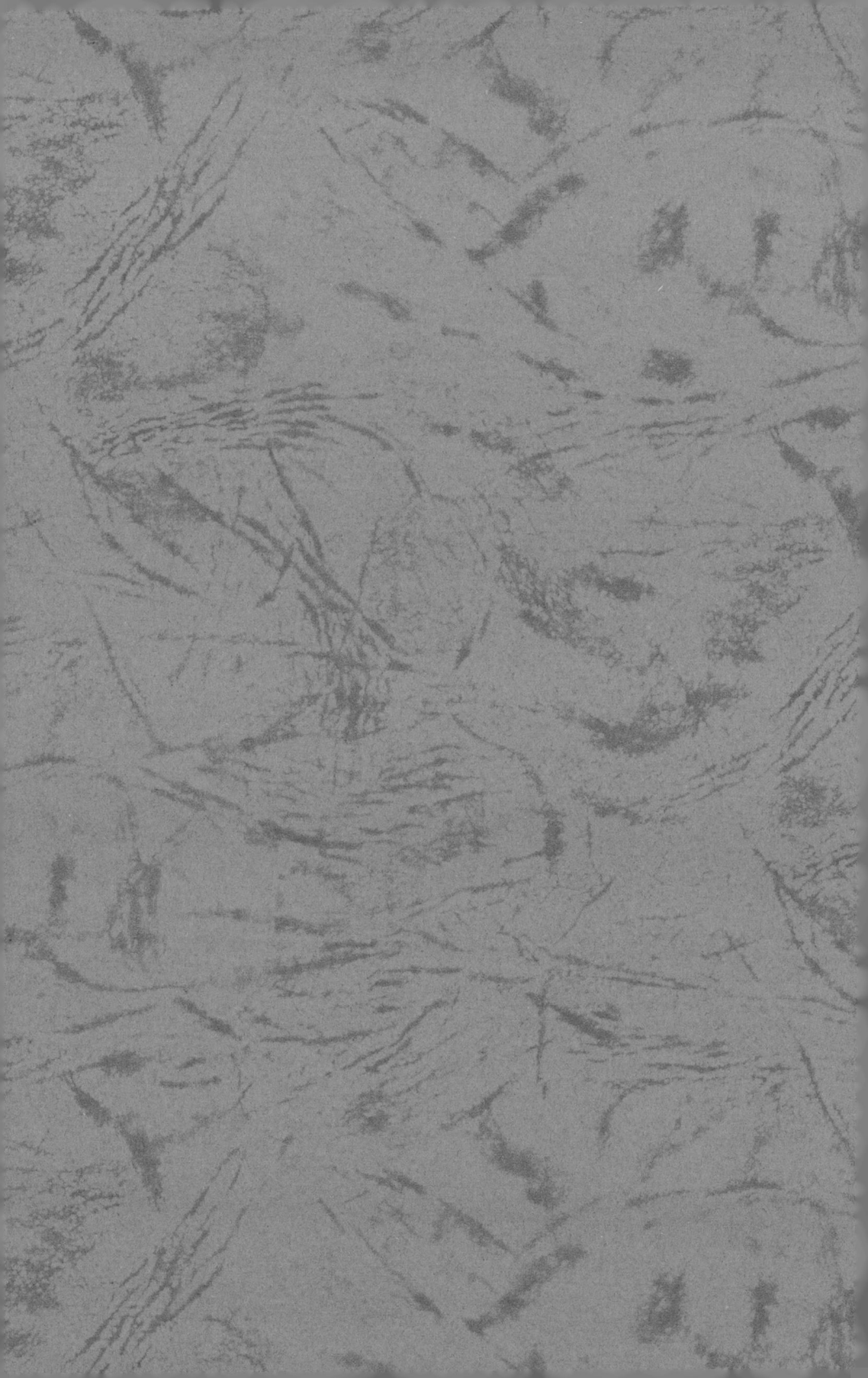